Python lernen in abgeschlossenen Lerneinheiten

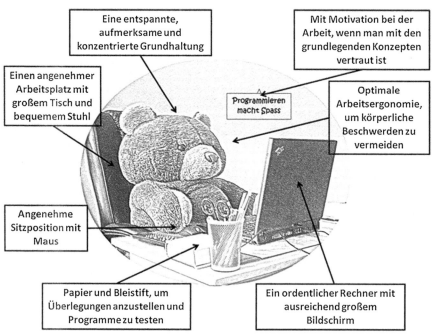

Eine entspannte, aufmerksame und konzentrierte Grundhaltung

Mit Motivation bei der Arbeit, wenn man mit den grundlegenden Konzepten vertraut ist

Einen angenehmer Arbeitsplatz mit großem Tisch und bequemem Stuhl

Programmieren macht Spass

Optimale Arbeitsergonomie, um körperliche Beschwerden zu vermeiden

Angenehme Sitzposition mit Maus

Papier und Bleistift, um Überlegungen anzustellen und Programme zu testen

Ein ordentlicher Rechner mit ausreichend großem Bildschirm

Programmieren für Einsteiger mit vielen Beispielen

Sebastian Dörn

Python lernen in abgeschlossenen Lerneinheiten

Programmieren für Einsteiger
mit vielen Beispielen

2., verbesserte Auflage

Sebastian Dörn
Hochschulcampus Tuttlingen
Tuttlingen, Deutschland

Dieses Buch basiert auf dem Buch „Java lernen in abgeschlossenen Lerneinheiten".

ISBN 978-3-658-28975-1   ISBN 978-3-658-28976-8 (eBook)
https://doi.org/10.1007/978-3-658-28976-8

Die Deutsche Nationalbibliothek verzeichnet diese Publikation in der Deutschen Nationalbibliografie;
detaillierte bibliografische Daten sind im Internet über http://dnb.d-nb.de abrufbar.

Springer Vieweg
© Springer Fachmedien Wiesbaden GmbH, ein Teil von Springer Nature 2019, 2020

Springer Vieweg ist ein Imprint der eingetragenen Gesellschaft Springer Fachmedien Wiesbaden GmbH
und ist ein Teil von Springer Nature.
Die Anschrift der Gesellschaft ist: Abraham-Lincoln-Str. 46, 65189 Wiesbaden, Germany

Vorwort

Können Sie mit Ihrem Computer sprechen, damit er Ihnen bei der Arbeit hilft? Wenn nicht, dann sprechen Sie vermutlich nicht seine Sprache. Unser Freund, der Computer, versteht kein Deutsch, Englisch, Französisch oder Spanisch. Seine bevorzugten Sprachen sind Java, C/C++, Python, JavaScript, PHP, SQL oder R. Alle Geräte, Maschinen oder Apps, die wir täglich verwenden, werden durch Hunderttausende oder Millionen von Codezeilen gesteuert.

Die Kunst des Programmierens ist in unserer digitalen Informationsgesellschaft eine Schlüsseldisziplin. Die Kreativität besteht darin, für eine Maschine eine Art Handlungsanweisung zu erstellen, um eine spezielle Aufgabe auszuführen. Das Ergebnis ist die Software in Form eines Quellcodes in einer Programmiersprache. Programmieren ist deutlich mehr als das Eintippen von einzelnen Codezeilen. Ein zentraler Aspekt beim Programmieren ist es, korrekten und sinnvoll strukturierten Code zu schreiben. Der Programmierer muss das Programm so schreiben, dass einzelne Abschnitte wiederverwendbar sind. Wenn wir das nicht tun, erhalten wir sogenannten Spaghetticode – ein verworrenes Stück Programmcode. Selbst erfahrene Programmierer können dieses undurchdringliche Gewirr kaum nachvollziehen.

In der digitalen Welt wird es für viele Tätigkeitsfelder immer bedeutender, dass Menschen in der Lage sind, mit Maschinen zu kommunizieren. Programmieren muss heutzutage neben Lesen, Schreiben und Rechnen eine Grundfertigkeit des Menschen darstellen. Eine qualifizierte Programmiergrundausbildung ist für viele Mitarbeiter heute unerlässlich, um bei der Planung, Konzeption und Entwicklung von modernen Produkten und Dienstleistungen mitzuwirken. Um dem Computer mitzuteilen, was er für uns tun soll, müssen wir dessen spezifische Regeln erlernen. Die heutige Arbeitswelt ist durch eine starke Zunahme von programmierbaren Systemen geprägt, die nur durch Programmierkenntnisse effizient bedienbar sind.

Mitarbeiter müssen heute in der Lage sein, sich oft wiederholende Aufgabenstellungen mit Hilfe von Computerprogrammen zu automatisieren. Viele verschwenden jedoch Stunden mit Tippen und Klicken in Office-Anwendungen, um immer die gleichen Routineaufgaben zu bearbeiten. In der Unternehmenspraxis gibt es dafür unzählige Beispiele: Zusammensuchen und Aufbereiten von Daten aus verschiedenen Quellen, Erstellen von Berichten mit Abbildungen und Tabellen oder das Versenden von vielen E-Mails mit vorformulierten Texten.

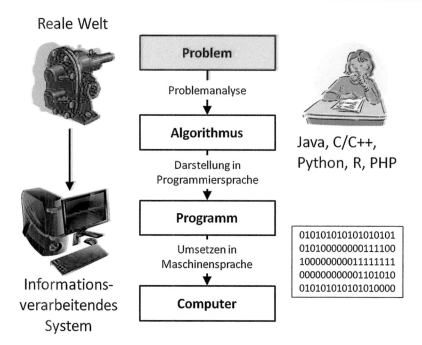

Abb. 1 Das Grundprinzip der Programmierung vom Problem über den Algorithmus zum Computerprogramm

Viele dieser Aufgaben sind extrem zeitaufwendig und so speziell, dass dafür keine fertigen Softwareprodukte existieren. Meistens ist nur wenig Programmierarbeit erforderlich, damit der Computer die notwendigen Daten zusammensucht, sinnvolle Auswertungen erstellt und das ganze automatisch in einen Bericht überträgt. Auf diese Weise lassen sich aufwendige Arbeitspläne oder Qualitätsberichte vollkommen automatisch erzeugen. Wenn sich die Datenbestände ändern, können sie durch einen Knopfdruck neu erstellt werden.

Wie funktioniert Programmieren?
Das Grundprinzip der Programmierung ist in Abb. 1 dargestellt. Am Anfang steht immer ein Problem, das mit Hilfe eines Computerprogramms zu lösen ist. Nach einer sorgsamen Problemanalyse wird ein Algorithmus für diese Aufgabenstellung entworfen. Algorithmen sind geniale Ideen in Form von speziellen Handlungsanweisungen. Ein Computerprogramm ist die konkrete Umsetzung des Algorithmus in eine Programmiersprache. Das Programm besteht aus einer Reihe von Anweisungen, die dem Rechner vorgeben, was er zu tun hat.

Eine Programmiersprache ist eine Sprache zur Formulierung von Algorithmen. Ähnlich einer natürlichen Sprache gibt es bei einer Programmiersprache einen bestimmten Wortschatz (Schlüsselwörter) und eine Grammatik (Syntax), nach deren Regeln der Programmcode zu bilden ist. Die Sätze in einer Programmiersprache sind die syntaktisch korrekten Anweisungen. Programmierer erstellen den sogenannten Quellcode mit Hilfe eines Texteditors. Die einzelnen Anweisungen des Codes ergeben sich aus dem zugehörigen Algorithmus. Die Informatiker sprechen beim Erstellen eines Programmiercodes von der Implementierung. Die geschriebenen Programme werden anschließend durch einen Compiler automatisiert in die Maschinensprache des jeweiligen Rechners übersetzt. Damit ist unser Algorithmus von einer Maschine ausführbar.

Es gibt heute eine große Vielfalt von unterschiedlichen Programmiersprachen für die unterschiedlichsten Aufgaben: Entwurf von Softwaresystemen und Apps, Auswerten von statistischen Datensätzen, Erzeugen von Steuerungsinformationen für Werkzeugmaschinen, Programmieren von Mikroprozessoren, Abfrage von Datenbanken, Erstellen von graphischen Benutzeroberflächen oder zur Konzeption von Internetseiten.

Warum Programmieren lernen?
In unserer digitalen Gesellschaft und Arbeitswelt gibt es viele verschiedene Gründe, die Fähigkeit des Programmierens zu erlernen:

1. Die heutigen Arbeitsumgebungen sind durch eine starke Zunahme von programmierbaren Systemen geprägt, die nur durch Programmierkenntnisse effizient bedienbar sind.
2. Für viele Wissensarbeiter gehört es heute zu einer Schlüsselqualifikation, gewisse sich oft wiederholende Aufgabenstellungen mit Hilfe von Computerprogrammen zu automatisieren.
3. Eine qualifizierte Programmiergrundausbildung ist für viele Mitarbeiter heute unerlässlich, um bei der Planung, Konzeption und Entwicklung von modernen Produkten und Dienstleistungen mitzuwirken.
4. Die Software gewinnt gegenüber der Hardware, sodass die Wertschöpfung in Unternehmen nur durch die Kombination von Hardware mit zusätzlichen digitalen Serviceleistungen auf Basis von Daten und Algorithmen zu sichern ist.
5. In der digitalen Welt wird es für viele Tätigkeitsfelder immer bedeutender sein, dass Menschen in der Lage sind, mit Maschinen zu kommunizieren.
6. Die Maschinensprachen werden in Zukunft wichtiger als die gesprochenen Sprachen, da sich die Kommunikation zwischen Menschen deutlich einfacher automatisieren lässt, als die Kommunikation zwischen Mensch und Maschine.
7. Die Analyse von Daten mit Computerprogrammen ist eine Tätigkeit, die für Ingenieure, Naturwissenschaftler, Mediziner, Psychologen und Soziologen von herausragender Bedeutung ist.
8. Im Zeitalter der Digitalisierung ist digitales Grundwissen für viele Berufszweige von Relevanz, um neuartige Konzepte und Technologien kompetent zu vermitteln (Lehrer), zu berichten (Journalisten), zu beurteilen (Politiker) oder zu entscheiden (Manager).
9. Programmierkenntnisse und Algorithmen sind zentrales Grundlagenwissen für das maschinelle Lernen, das heute im Zentrum der digitalen Wirtschaft steht.
10. Programmieren macht Spaß.

Warum Python lernen?

Python ist eine universelle Programmiersprache, die zahlreiche Programmierparadigmen unterstützt. Der Name Python ist von der britischen Komikergruppe Monty
Python hergeleitet. Python-Programmierer werden als „Pythonistas" bezeichnet
und die Dokumentation besitzt viele Anspielungen auf Monty Python, sowie
auch auf Schlangen. Python gibt es seit 1991 und ist ein offenes kostenfreies
Entwicklungsmodell, das durch die gemeinnützige Python Software Foundation
gestützt wird. Python ist plattformunabhängig und der Code läuft unmodifiziert auf
allen wichtigen Betriebssystemen. Ähnlich wie Java oder C# erzeugt Python mit
einem Compiler einen sogenannten Byte-Code. Dieser Byte-Code wird mit Hilfe
einer virtuellen Maschine des jeweiligen Betriebssystems ausgeführt.

Die Sprache Python ist leicht zu erlernen, sehr flexibel und wird durch die
umfangreiche Standardbibliothek häufig als Skriptsprache verwendet. In vielen
Fällen ist es mit geringem Aufwand möglich, praktische kleine Programme zu
schreiben. Python bietet die Möglichkeit zur objektorientierten Programmierung
und zum Schreiben von umfangreicheren Softwaresystemen. Heute ist Python einer
der beliebtesten und meistgenutzten Programmiersprachen. Die Programmiersprache Python ist insbesondere im Bereich der Datenanalyse und des maschinellen
Lernens in der Praxis weit verbreitet. Mit Hilfe des Webframeworks Django
lassen sich dynamische Webseiten erstellen. In Python-Programme ist es möglich
vorhandenen C-, C++- und Fortran-Code zu integrieren. Python eignet sich gut für
das Programmieren des Raspberry PI.

Wie lernen Sie Programmieren?

Das Programmieren kann viel Spaß bereiten, wenn Sie sich mit den allgemeinen
Prinzipien und der Syntax der jeweiligen Sprache auskennen. In vielen Programmiersprachen wie Python ist es möglich, bereits mit wenigen einfachen Mitteln
sinnvolle Programme zu schreiben. Die Grundlagen der Programmierung mit ihren Grundkonzepten ändern sich nur sehr wenig. Viele Bücher im Bereich der
Programmiersprachen leiden unter dem „Semikolon-Syndrom", d. h. der Leser wird
in die Grundlagen einer speziellen Programmiersprache eingeführt. Bei dieser Art
der Einführung in die Programmierung beschäftigen Sie sich weniger mit den
Konzepten des Programmierens, sondern mehr mit den Eigenschaften einer bestimmten Programmiersprache. Diese Syntaxeigenschaften werden dann oftmals bis
ins letzte Detail behandelt, was viele Anfänger überfordert, da sie die zugehörigen
Anwendungsbereiche noch nicht kennen.

Beachten Sie, dass Sie das richtige Programmieren nicht in einer Woche oder
einem Monat lernen. Wie Sportler ihre Muskeln trainieren, trainieren Programmierer ihr logisches und abstraktes Denken. Es kommt dabei gar nicht darauf an,
was wir programmieren, sondern nur, dass wir programmieren. In der Regel
benötigt ein Anfänger selbst nach einem Programmierkurs vielleicht einen Monat
für die Erstellung eines Programms, das ein sehr guter Programmierer an einem
halben Tag schafft. Programmieren besitzt auch einen sozialen Aspekt, denn viele
Softwareprodukte entstehen in Teamarbeit von mehreren Programmierern.

Wie ist dieses Buch aufgebaut?

Das Ziel dieses Buches ist, Ihnen das Programmieren in einzelnen abgeschlossenen Lerneinheiten beizubringen. Mit dem Entwurf von effizienten Daten- und Ablaufstrukturen möchte ich Sie in die Lage versetzen, algorithmische Konzepte zu verstehen und in Programmcode umzusetzen. Die zentralen Lernziele sind das Verstehen der Abstraktionskonzepte moderner Programmiersprachen und das Erlernen des logischen und algorithmischen Denkens. Mit diesem Wissen können Sie im Anschluss selbstständig eigene Computerprogramme implementieren, um damit praxisrelevante Aufgaben schnell und sicher zu bearbeiten.

Die einzelnen Kapitel dieses Buches sind nach einem einheitlichen Schema aufgebaut:

1. **Einführung:** Kurze Beschreibung der Inhalte des Kapitels mit den zugehörigen Lernzielen.
2. **Konzept:** Vorstellung der syntaktischen Bestandteile und Programmiermethodiken mit zahlreichen Beispielen.
3. **Beispiele:** Ausführliche Beschreibung einiger ausgewählter Beispielprogramme zur Festigung der Lerninhalte.
4. **Zusammenfassung:** Zusammenfassung der vorgestellten Konzepte zum schnellen Überblick.

Dieses einheitliche Schema soll Ihnen als Leser helfen, die ersten Schritte in die Welt des Programmierens zu setzen. Großen Wert lege ich in diesem Buch auf Programmierbeispiele, damit Sie die einzelnen Konzepte begreifen und nachvollziehen können[1]

Programmieren ist nur dann erfolgreich, wenn Sie …

- **… die allgemeinen Prinzipien und die Syntax der jeweiligen Sprache kennen.**
  Das genaue Lesen und Verstehen der Konzepte sowie das Ausprobieren der vorgestellten Beispiele ist wichtig, um Programmieren richtig zu erlernen.
- **… wissen, dass Anfänger sehr lange für das Schreiben von Programmen benötigen.**
  Programmieranfänger sollten sich nicht entmutigen lassen, wenn sie am Anfang sehr lange brauchen, um ein Computerprogramm zu schreiben (Faktor 1 zu 100 oder mehr).
- **… selbstständig versuchen, Computerprogramme zu entwerfen und zu schreiben.**
  Das Programmieren lernen Sie nicht durch Lesen oder Zuschauen, sondern nur durch eigenständige Arbeit am Programmcode.

---

[1]Dieses Buch basiert auf dem gleichnamigen Java-Buch und beinhaltete dadurch Überschneidungen in Inhalt.

- **. . . Durchhaltewillen zeigen und nicht nach wenigen Minuten aufgeben.**
  Ein neuer Programmcode arbeitet in den seltensten Fällen sofort richtig, da meistens noch Fehler enthalten sind.
- **. . . alle Programme anhand von einigen Testbeispielen überprüfen.**
  Das Testen der Programme mit Hilfe von geeigneten Testbeispielen hat große Relevanz, um zuverlässigen Code zu erzeugen.
- **. . . wissen, dass die Fehlersuche manchmal sehr lange dauert.**
  Die Korrektur von Fehlern nimmt einen erheblichen Anteil der Entwicklungszeit in Anspruch, sodass auch erfahrene Programmierer teilweise lange nach einem Fehler suchen.

Die wertvollsten Unternehmen dieses Planeten verdanken ihren wirtschaftlichen Erfolg ihren Softwareprodukten. Das Ziel einer jeden Software ist es, uns Menschen vom stumpfsinnigen Ausführen der immer gleichen Tätigkeit zu befreien. Alleine das Beseitigen von Medienbrüchen innerhalb unterschiedlicher Systeme kann dabei zu enormen Kosteneinsparungen führen. Im Zeitalter von selbstlernenden Robotern und intelligenter Software sind Programmierkenntnisse von herausragender Bedeutung, um das Potential dieser neuartigen Technologien zu erkennen, zu verstehen und in die Praxis umzusetzen. Wir können an Produkten der Zukunft nur mitarbeiten, wenn wir moderne Programmierwerkzeuge sicher beherrschen.

Weitere Informationen zum Thema Programmierung, Algorithmen und Künstliche Intelligenz finden Sie auf meiner Website:

https://sebastiandoern.de.

Zum Schluss sollten Sie eins beim Thema Programmieren nicht vergessen:

PROGRAMMIEREN MACHT SPASS!

Danksagung

Für wertvolle Hinweise und Verbesserungsvorschläge gilt mein Dank Martina Warmer und Werner Nörenberg.

Hinweise und Verbesserungsvorschläge sind sehr willkommen, per E-Mail an sebastian.doern@hs-furtwangen.de.

Tuttlingen, Deutschland   Sebastian Dörn
Dezember 2019

Inhaltsverzeichnis

Wie beginne ich mit dem Python-Programmieren? Erste Schritte in Python

1

Wir starten ohne große Vorrede mit der Installation der Entwicklungsumgebung Anaconda für die Programmiersprache Python. Eine Entwicklungsumgebung ist ein Anwendungsprogramm, das Sie als Programmierer beim Schreiben von Software unterstützt. Anschließend verwenden wir Anaconda zum Erstellen der ersten Python-Programme.

Unsere Lernziele

- Entwicklungsumgebung Anaconda installieren und bedienen.
- Erste Programme in Python erstellen.
- Grundsätze der Programmentwicklung verstehen.
- Fehlermeldungen verstehen und beheben.

Das Konzept

In Abb. 1.1 ist die Arbeitsweise der Programmierung mit Python dargestellt:

- **Integrierte Entwicklungsumgebung** ist ein Softwaretool zur Programmbearbeitung, Befehlsverarbeitung und Dokumentation in einer ansprechenden Benutzeroberfläche.
- **Quellcode** wird mit Hilfe einer integrierten Entwicklungsumgebung (z. B. Anaconda) in einem Texteditor erstellt und als .py-Datei gespeichert.
- **Compiler** übersetzt den Quellcode in eine vom Computer lesbare Form aus Nullen und Einsen. In Python ist der Compiler ein Bestandteil der Entwicklungsumgebung Anaconda.
- **Bytecode** ist das Ergebnis der Übersetzung des Quellcodes durch den Compiler in Form eines Byte-Codes. Dieser Byte-Code ist unabhängig von der verwendeten Rechnerarchitektur.

© Springer Fachmedien Wiesbaden GmbH, ein Teil von Springer Nature 2020
S. Dörn, *Python lernen in abgeschlossenen Lerneinheiten*,
https://doi.org/10.1007/978-3-658-28976-8_1

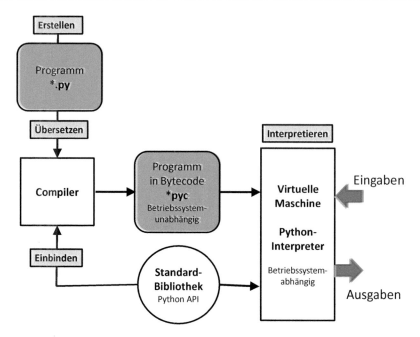

Abb. 1.1 Grundprinzip der Arbeitsweise von Python

- **Virtuelle Maschine** (VM) ist eine betriebssystemabhängige Software zum Ausführen des Byte-Codes. Im Gegensatz zu vielen anderen Programmiersprachen wird der Code nicht direkt durch die Hardware ausgeführt.
- **Standardbibliothek** ist eine Programmierschnittstelle (Application Programming Interface), die bereits vorhandenen Code in Bibliotheken bündelt. Python kann über die Python API durch maschinennahe oder zeitkritische C-Programme erweitert werden.

Mit dem betriebssystemunabhängigen Bytecode wird die Plattformunabhängigkeit und Internetfähigkeit von Python gewährleistet. Alle Python-Programme funktionieren ohne Änderungen auf jeder Rechnerarchitektur mit installierter Laufzeitumgebung. In anderen Programmiersprachen wie C/C++ ist das nicht der Fall, da hier der Quellcode direkt in Maschinencode übersetzt wird. Die Programmiersprache Python steht unter der PSF-Lizenz, die weniger restriktiv ist als beispielsweise die GNU-Lizenz. Mit der PSF-Lizenz ist es möglich den Python-Interpreter kostenlos in Anwendungen einzubetten, ohne den Code offenzulegen oder Lizenzkosten zu bezahlen.

Installation der Entwicklungsumgebung

Für ein angenehmes Programmieren mit Python empfehle ich Ihnen die sogenannte IPython Variante. IPython ist eine erweiterte Python-Shell, die neben der

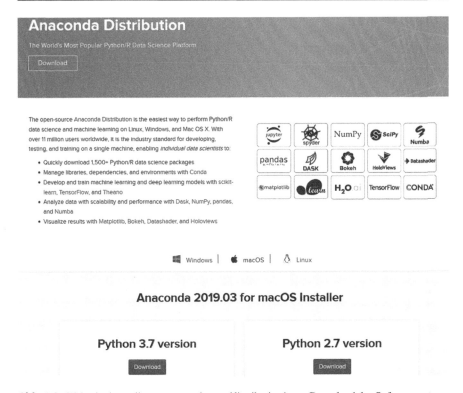

Abb. 1.2 Webseite https://www.anaconda.com/distribution/ zum Download des Softwaresystems Anaconda für das Programmieren mit Python

Programmiersprache Python zusätzliche Möglichkeiten für die numerische Datenverarbeitung und die grafische Darstellung von Daten bietet. Das Softwaresystem IPython besitzt eine gut benutzbare interaktive Benutzeroberfläche, mit dem das Schreiben und Testen von Python-Code deutlich angenehmer ist. Das Softwaresystem Anaconda ist eine populäre Version von IPython, das kostenlos für verschiedene Betriebssysteme verfügbar ist (siehe Abb. 1.2):

https://www.anaconda.com/download/

Die Installation ist einfach und in zwei Minuten erledigt. Zahlreiche Pakete für zusätzliche Funktionen sind in Anaconda bereits integriert. Für einige Aufgaben müssen Sie externe Zusatzpakete nachinstallieren, was mit Hilfe des Python-Tools pip schnell möglich ist (siehe Anhang „Fehlerbehandlung").

Bedienung der Entwicklungsumgebung

Nach der Installation von Anaconda stehen Ihnen eine ganze Reihe von Umgebungen für das Programmieren mit Python bereit. Mit dem Starten des Anaconda Navigator über Programme → Anaconda Navigator erhalten Sie einen guten

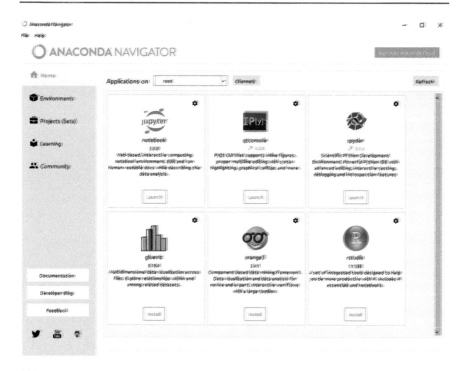

Abb. 1.3 Anaconda Navigator mit der Umgebung Spyder und dem Jupyter-Notebook

Überblick über die installierten Umgebungen (siehe Abb. 1.3). Die Software Spyder (Scientific Python Development Environment) ist eine Entwicklungsumgebung für das Programmieren in Python mit einer ganzen Reihe von nützlichen Funktionalitäten. Die Benutzeroberfläche von Spyder ist grob in die folgenden vier Bestandteile gegliedert (siehe Abb. 1.4):

- **Editor:** Im Editor wird der Code des Programms eingegeben.
- **Konsole:** Auf der Konsole erfolgt die Ein- bzw. Ausgabe des Programms.
- **Outline:** Die Outline zeigt die Bestandteile in Form von Unterprogrammen des aktuellen Programms an.
- **Variable Explorer:** Der Variable Explorer zeigt eine Übersicht aller aktuellen Variablen mit den dazugehörigen Werten an.

In der Konsole, der sogenannten interaktive Shell, ist Python wie ein Taschenrechner benutzbar. Hierzu geben Sie die gewünschten Anweisungen ein und führen diese mit der Enter-Taste aus:[1]

---

[1] Wir verwenden als Kennzeichnung für die direkte Eingabe von Befehlen auf der Konsole die ursprüngliche Python-Eingabeaufforderung >>>. In Anaconda entspricht dies der Eingabeaufforderung In[1],In[2],In[3]...

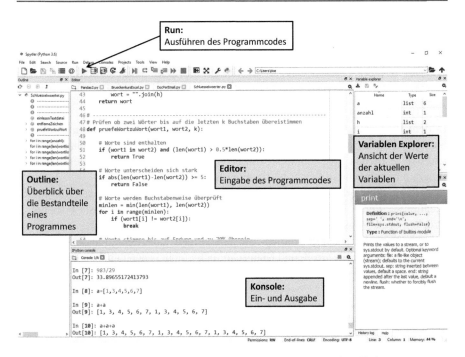

Abb. 1.4 Die Umgebung Spyder für das angenehme Bearbeiten von Python-Code

```
>>> 2+3
5

>>> 34+3*434.5
1337.5
```

Eine *Anweisung* ist eine einzelne Vorschrift in der Syntax der Programmiersprache, die im Programm ausgeführt wird. Die Shell ist sehr gut geeignet, um schnell grundlegende Programmierkonstrukte von Python auszuprobieren.

Erstellen des ersten Python-Programms

An dieser Stelle starten wir mit dem Programmieren in Python. Wir schreiben im Folgenden das einfachste Programm, das sogenannte „Hallo Welt"-Programm. Hierzu legen Sie zunächst an einem sinnvollen Ort in Ihrem Dateisystem einen Ordner (z. B. Programmieren) für unsere Programmierpraktika an. Für die Erstellung eines Python-Programms legen Sie in der Entwicklungsumgebung mit File → New file ... in Spyder eine neue Quelldatei an. Speichern Sie diese Datei mit der Endung py.

Nach Ausführen dieser Schritte geben Sie im Editor den folgenden Code ein:

```
1# Hallo-Welt Programm
2
3 print("Wie ist dein Name?")
4 name = input()
5 print("Hallo " + name)
```

In dem Programmeditor sehen Sie die unterschiedlichen Farben: grün für Kommentare, lila für die Ausgabezeichenkette und schwarz für die Schlüsselwörter und den restlichen Programmtext. Ein *Schlüsselwort* ist ein reserviertes Wort der Programmiersprache mit einer bestimmten Bedeutung.

Das Ausführen des Programms erfolgt entweder durch Drücken auf Run in der Menüleiste, durch Drücken auf den grünen Pfeil in der Symbolleiste oder durch Drücken der F5-Taste. Alternativ kann das Skript mittels %run dateiname.py auf der Konsole gestartet werden. Sie bekommen eine Fehlermeldung auf der Konsole, wenn Sie die Groß- und Kleinschreibung nicht beachtet haben, ein Zeichen vergessen oder falsch geschrieben haben.

Allgemeine Erklärung:

- Zeile 1: Kommentar zur Dokumentation eines Programms. Ein zeilenweiser Kommentar beginnt mit dem Raute-Zeichen #. Als Kommentar gilt ebenso alles, was zwischen den Zeichenfolgen ′ ′ ′ und ′ ′ ′ steht.
- Zeile 2: Leerzeilen haben keine spezielle Bedeutung und werden dazu benutzt, ein Programm optisch zu gliedern.
- Zeile 3: Die Funktion print() gibt die Zeichenkette (String) innerhalb der Klammern auf dem Bildschirm aus. In Python werden Zeichenketten in einfache oder doppelte Anführungszeichen gesetzt. Python ruft dazu die Funktion print() auf und übergibt ihr den angegebenen String.
- Zeile 4: Mit der Funktion input() ließt das Programm einen Eingabestring über die Tastatur ein. Der Wert des Strings wird in der angegebenen Variable gespeichert.
- Zeile 5: Die Anweisung print() erzeugt eine Bildschirmausgabe auf der Konsole. Zwei Zeichenketten verknüpfen wir dazu mit dem +-Zeichen.

Der Funktion print() können Sie beliebig viele Argumente in der Klammer übergeben:

```
print(arg1, arg2, arg3, ...)
```

Der Funktion input() übergeben Sie eine Zeichenkette, die dann als Eingabetext auf der Konsole angezeigt wird.

Funktionen sind Unterprogramme, die eine gewisse Funktionalität kapseln und über einen Funktionsaufruf ausführbar sind, wie beispielsweise das Bestimmen des größten Elements einer Liste:

```
>>> max([35, 12, 45, -1])
45
```

Eine Methode ist eine Funktion, die mit einer bestimmten Instanz ausgeführt wird, in diesem Fall ist es eine Liste, die sortiert wird:

```
>>> [35, 12, 45, -1].sort()
[-1, 12, 35, 45]
```

Die beiden Funktionen `print()` und `input()` erledigen die einfache Ausgabe auf der Konsole und die Eingabe von der Tastatur.

▶ **ACHTUNG** Mit Drücken von Ctrl und C-Taste oder durch Drücken auf den roten Knopf auf der rechten oberen Seite der Konsole wird ein ausführendes Programm sofort beendet. Mit dem Aufruf der Funktion `sys.exit()` wird das aktuelle Programm sofort beendet.

▶ **TIPP** Lange Programmzeilen können durch den Backslash\umgebrochen werden:

```
var = a + b + c + d\

        + e
```

Hinter dem Backslash darf kein Leerzeichen stehen, ansonsten erhalten Sie einen Syntaxfehler. Das Zusammenfügen mehrerer Anweisungen in einer Zeile ist mit dem Semikolon ; möglich:

```
a = 1; b = 2; c = 3
```

Verwenden Sie diese beiden Notationen nur dann, wenn der Code dadurch besser lesbar und übersichtlicher wird.

Python-Module

Die meisten Funktionen sind in Python in sogenannten Modulen gepackt. Ein Modul stellt Funktionen bereit, die einem bestimmten Zweck dienen, wie beispielsweise das Modul `math` für das Rechnen mit mathematischen Funktionen. In Python existieren zwei Arten von Modulen:

- **Globale Module:** Python-Bibliotheken oder Module eines Drittanbieters, die systemweit installiert werden.
- **Lokale Module:** Eigene Programmdateien mit Funktionen die nur im eingebundenen Programm verfügbar sind.

Für das Verwenden dieser Funktionen müssen Sie das zugehörige Modul einbinden, wie z. B.

```
>>> import math
```

Das Importieren erfolgt entweder durch Eintippen dieses Befehls auf der Konsole oder in Form der ersten Anweisung in einer Programmdatei. Die einzelnen Funktionen sind dann durch den Modulnamen, den Punktoperator und den Funktionsnamen aufrufbar:

```
>>> math.pi
3.141592653589793
```

Das Importieren von mehreren Modulen erfolgt durch das Verwenden von Kommas:

```
import modulname1, modulname2, ...
```

Mit dem Zusatz as können Sie für einem Modulnamen eine Abkürzung definieren, einen sogenannten neuen Namensraum:

```
import modulname as abk
```

Eine weitere Form der import-Anweisung besteht aus dem Schlüsselwort from gefolgt vom Modulnamen, dem Schlüsselwort import und dem importierten Modulinhalt:

```
from modulname import xyz
```

Der Bezeichner xyz kann entweder für ein Modul, ein Teilpaket, ein Objekt, eine Klasse oder eine Funktion stehen. Anstelle eines konkreten Modulinhalts können Sie auch Sternchen setzen, damit wird alles aus dem angegebenen Modul importiert. In diesem Fall muss das Präfix des Modulnamens nicht mehr vor der Funktion stehen, da alle Elemente des Moduls unter dem globalen Namensraum eingebunden werden. Im folgenden Beispiel importieren wir aus dem Modul math das Objekt pi:

```
>>> from math import pi
>>> pi
3.141592653589793
```

Beachten Sie, dass dadurch der Code weniger verständlich wird, da nicht mehr dasteht, aus welchem Modul die Funktion stammt. Die Namensgleichheit von zwei Funktionen in unterschiedlichen Modulen ist eine Fehlerquelle.

▶   **TIPP** Mit der Pfeiltaste nach oben können Sie die bisher eingegebenen Befehle wieder aufrufen. Mit der Eingabe von einem Modulnamen, dem Punktoperator und der Tab-Taste, zeigt Anaconda die Liste aller möglicher Methoden an. In der Konsole wird Ihnen durch Eingabe von help(funktionsname) ein Text zu dem angegebenen Funktionsnamen angezeigt:

```
IPython console
  Console 1/A

In [1]: help(print)
Help on built-in function print in module builtins:

print(...)
    print(value, ..., sep=' ', end='\n', file=sys.stdout, flush=False)

    Prints the values to a stream, or to sys.stdout by default.
    Optional keyword arguments:
    file:  a file-like object (stream); defaults to the current sys.stdout.
    sep:   string inserted between values, default a space.
    end:   string appended after the last value, default a newline.
    flush: whether to forcibly flush the stream.
```

Mit dem Betätigen der rechten Maustaste in der jeweiligen Komponente können Sie beispielsweise den Text in der Konsole (Clear console) oder die Werte im Variable Explorer (Reset namespace) löschen.

Jupyter-Notebook

Das Jupyter-Notebook ist Bestandteil der IPython-Installation von Anaconda (www.jupyter.org). Dieses Programm ist ein freies, webbasiertes Notizbuch, das sowohl Texte als auch Programme ausführen kann. Die Software ist ein Universalwerkzeug zum Ausführen von über 40 Programmiersprachen und zur Dokumentation von wissenschaftlichen Arbeiten innerhalb einer einheitlichen Web-Oberfläche.

Das Jupyter-Notebook hat sich als Standardwerkzeug im Bereich der Datenanalyse etabliert. Es wird vor allem als webbasierte Erweiterung von IPython für die Ausführung von Python-Code verwendet. Das Notebook besteht aus einzelnen Zellen, die verschiedene Arten von Inhalte darstellen können, wie Quellcodes, Texte in HTML oder Markdown, Bilder oder mathematische Formeln (in Latex). Mit dem Jupyter-Notebook können Sie sehr effizient Daten auswerten, darstellen und dokumentieren (siehe Abb. 1.5).

Nach dem Starten des Notebooks öffnet sich ein Webbrowser in Form eines Dateiverzeichnisses:

1. Navigieren durch Klicken in einen beliebigen Ordner im Dateiverzeichnis.
2. Anlegen eines neuen Notebooks durch Klicken auf die Schaltfläche New in der oberen rechten Seite.
3. Vergabe eines Dateinamen durch Klicken auf Untitled.

Für das optimale Verwenden des Jupyter-Notebooks sind die folgenden Befehle von Bedeutung:

- **Ausführen eines Befehls:** Die aktuelle Zelle wird mit Shift + Enter an den Python-Kernel des Notebooks geschickt, der diesen ausführt und eine Ausgabe in einer neuen Zelle zurückgibt.
- **Neue Zelle einfügen:** Mit dem Drücken auf den Plus-Button in der Menüleiste wird an der aktuellen Stelle eine neue Zelle eingefügt.

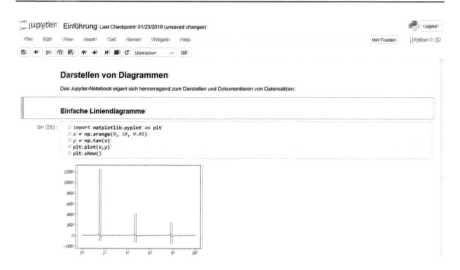

Abb. 1.5 Jupyter-Notebook zum Auswerten, Darstellen und Dokumentieren

- **Zelle als Text markieren:** Durch Ändern des Auswahlmenüs von Code auf Markdown (unterhalb der Menüleiste) wird eine Zelle als Text markiert (Tastenkombination: Esc + m). Hier sind Texte, Bilder, mathematische Formeln (in Latex) oder HTML-Code einfügbar.
- **Zellen formatieren:** Für eine Überschrift wird das Zeichen # vorangestellt. Wenn eine solche Zelle ausgeführt wird, verschwindet die Textformatierung und der formatierte Text wird ausgegeben. Weitere Basis-Formatierungen sind *kursiv* und **fett**.
- **Zelle löschen:** Markieren der Zelle und Auswahl in der Menüleiste Edit → Delete Cells.
- **Kernel neu starten:** In der Menüleiste Kernel existieren verschiedene Optionen für das Neustarten des Kernels.

Entscheiden Sie im nachfolgenden selber, ob sie die gezeigten Konzepte unter Spyder oder im Jupyter-Notebook ausprobieren wollen.

Grundsätze zur Programmentwicklung

Eine zentrale Aufgabe beim Programmieren ist es, einen korrekten, übersichtlichen und einfach gestalteten Programmcode abzuliefern. Dafür gibt es in der Praxis zahlreiche Gründe:

- **Schnellere Fehlerkorrektur:** Auftretende Fehler sind einfacher zu finden und können schneller beseitigt werden.
- **Einfachere Anpassungen:** Änderungen in den Anforderungen der Software sind zügiger im Code umsetzbar.

- **Bessere Erweiterungsfähigkeit:** Zusätzliche Komponenten und Module sind mit geringerem Aufwand zu integrieren.
- **Höhere Qualität:** Anpassungen im Code führen an anderen Stellen zu deutlich weniger Folgefehlern.
- **Verbesserte Teamarbeit:** Code ist für neue Teammitglieder schneller zu verstehen und anpassbar.
- **Geringerer Dokumentationsbedarf:** Verständlicher Code benötigt weniger Aufwand für die Dokumentation des Projektes.
- **Höhere Produktivität:** Strukturierter Code führt zu geringeren Entwicklungszeiten und niedrigeren Kosten.

In diesem Buch stellen wir für jedes neue Programmierkonzept wichtige Hinweise zum Gestalten des Programmcodes vor (siehe Anhang „Codierungsregeln"). Beachten Sie unbedingt diese Hinweise und Anregungen zum Erlernen eines guten Programmierstils. Die allgemeinen Grundsätze für die äußere Form eines Programmcodes sind die Folgenden:

- Beginn eines Programms immer in der 1. Spalte.
- In jeder Zeile steht nur eine Anweisung.
- Leerzeilen zum besseren Strukturieren des Codes einfügen.
- Leerstellen in Anweisungen zur besseren Lesbarkeit verwenden.
- Kurze Kommentare zur Dokumentation des Programms einfügen.

Mit Fehlermeldungen umgehen

Wenn Sie in einem Programm eine Anweisung falsch schreiben, ein Zeichen vergessen oder die Groß- und Kleinschreibung nicht beachten, erhalten Sie vom Compiler eine Fehlermeldung:

```
  1 # Hallo-Welt Programm
  2
△ 3 prin("Wie ist dein Name?", "xdsd")
  4 name = input()
  5 print('Hallo ' + name)
  6
  7
```

```
IPython console                                                                                    ⟁ ×
⌷ Console 1/A ⊠                                                                                    ■ ⚙

In [17]: runfile('C:/Users/doe/Documents/Eigene Dokumente/Vorlesungen/A3_Programme/Python/ProgHeft/Hallo.py', wdir='C:/Users/doe/Documents/
Eigene Dokumente/Vorlesungen/A3_Programme/Python/ProgHeft')
Traceback (most recent call last):

  File "<ipython-input-17-d6f78eea2176>", line 1, in <module>
    runfile('C:/Users/doe/Documents/Eigene Dokumente/Vorlesungen/A3_Programme/Python/ProgHeft/Hallo.py', wdir='C:/Users/doe/Documents/
Eigene Dokumente/Vorlesungen/A3_Programme/Python/ProgHeft')

  File "C:\Users\doe\Anaconda3\lib\site-packages\spyder\utils\site\sitecustomize.py", line 880, in runfile
    execfile(filename, namespace)

  File "C:\Users\doe\Anaconda3\lib\site-packages\spyder\utils\site\sitecustomize.py", line 102, in execfile
    exec(compile(f.read(), filename, 'exec'), namespace)

  File "C:/Users/doe/Documents/Eigene Dokumente/Vorlesungen/A3_Programme/Python/ProgHeft/Hallo.py", line 3, in <module>
    prin("Wie ist dein Name?", "xdsd")

NameError: name 'prin' is not defined
```

In diesem Beispiel ist die Anweisung `print()` falsch geschrieben.

▶ **TIPP** Wenn Sie ein Programm schreiben, testen Sie unmittelbar alle Anweisungen auf ihre Korrektheit. Führen Sie dazu das Programm aus und schauen Sie sich die Ergebnisse in Ruhe an. Damit lassen sich eventuelle Probleme schneller lokalisieren und beseitigen. Erweitern Sie anschließend das Programm mit weiterem Code, den sie ebenfalls wieder testen.

Wir unterscheiden beim Programmieren die folgenden drei Kategorien von Fehlern:

* *Syntaxfehler* sind Fehler im formalen Aufbau bzw. ein „Rechtschreibfehler" in Schlüsselwörtern und Namen. Diese Fehler erkennt der Compiler während des Übersetzens und das Programm wird nicht kompiliert. Der Compiler gibt dazu eine Fehlermeldung, die Fehlerposition und einen erklärenden Text aus.
* *Laufzeitfehler* entstehen in einem syntaktisch korrekten Programm, das während der Ausführung mit einer Fehlermeldung abbricht. Diese Fehler hängen von den aktuell bearbeiteten Daten ab. Häufig treten diese Fehler beim ersten Testlauf auf. Oftmals arbeitet ein Programm viele Male richtig und bricht nur bei einer bestimmten Datenkombination mit einem Laufzeitfehler ab.
* *Logikfehler* entstehen bei einem Programm, das ohne jegliche Fehlermeldungen läuft, aber falsche Ergebnisse liefert. Logische Fehler sind wie Meerjungfrauen – nur weil sie noch keiner gesehen hat, bedeutet das nicht, dass es keine gibt. Die Logikfehler sind erkennbar, wenn zu bestimmten Testeingaben die zugehörigen Ergebnisse bekannt sind. Logische Fehler entstehen durch Tippfehler oder durch Fehler in der Programmlogik.

▶ **TIPP** Fehlermeldungen in Programmen gehören zum Alltag eines jeden Programmierers. Zeigen Sie mit dem Mauszeiger auf die Unterstreichung, worauf Sie eine kurze Erläuterung des Fehlers erhalten. In vielen Fällen können diese Syntaxfehler relativ einfach behoben werden. Lesen Sie sich dazu die Fehlermeldung auf der Konsole durch. Falls Sie eine Fehlermeldung bekommen, die Sie nicht verstehen, suchen Sie im Internet nach einer Erklärung. Geben Sie dazu den Fehlertext in eine Suchmaschine ein. Sie erhalten dann eine Vielzahl von Links, welche diese Fehlermeldung genau erklären.

Die Beispiele

Beispiel 1.1 (Einfacher Dialog). Wir schreiben ein Programm, das den Vornamen und das Geburtsjahr einer Person von der Konsole einliest. Die Eingabe wird anschließend durch eine formatierte Ausgabe wieder ausgegeben.

```
1 print("Wie heißt du?")
2 name = input()
3 print("In welchem Jahr bist du geboren?")
4 jahr = input()
5 print(name + " wurde " + jahr + " geboren.")
```

Ausgabe:

```
Wie heißt du?
Fritz
In welchem Jahr bist du geboren?
1956
Fritz wurde 1956 geboren.
```

Allgemeine Erklärung:

- Zeile 1–4: Eingabe des Vornamens und des Geburtsjahrs auf der Konsole. Eine Zeichenkette wird mit der Funktion input() eingelesen.
- Zeile 5: Ausgabe der eingegebenen Informationen in einem Satz durch Verknüpfen der einzelnen Zeichenketten mit dem +-Operator.

Die Zusammenfassung

1. Eine *Programmiersprache* ist eine Sprache mit einer festen Syntax, die nur den Einsatz spezieller Kombinationen ausgewählter Symbole und Schlüsselwörter erlaubt. Die *Schlüsselwörter* sind die „Vokabeln" der Sprache mit einer fest vorgegebenen Bedeutung, die nicht für andere Zwecke (z. B. als Namen) verwendbar sind. Die Syntax einer Programmiersprache umfasst Möglichkeiten zur Definition verschiedener Datenstrukturen (Beschreiben von Daten), Kontrollstrukturen (Steuern des Programmablaufs) und Anweisungen.
2. Eine *Anweisung* ist eine einzelne Vorschrift (z. B. print()) in der Syntax der Programmiersprache.
3. Ein *Kommentar* ist ein Text im Quellcode, der vom Compiler ignoriert wird. In Python existieren die folgenden Möglichkeiten für Kommentare:
   - Einzeilige Kommentare beginnen mit # und enden am Ende der aktuellen Zeile.
   - Mehrzeilige Kommentare beginnen mit ' ' ', enden mit ' ' ' und können über mehrere Zeilen gehen.

Für das bessere Verständnis des Programms ist der Quellcode zu kommentieren.

4. Beim Programmieren können drei Fehlerarten auftreten: Syntaxfehler (Programm startet nicht), Laufzeitfehler (Programm stürzt ab) oder Logikfehler (Programm liefert falsche Resultate).

Die Übungen

Aufgabe 1.1 (Das Modul math). Probieren Sie die Konsole, das Jupyter-Notebook und die Programmerstellung von Python aus, indem sie einfache Berechnungen wie auf einen Taschenrechner lösen. Testen Sie am Modul `math` die verschiedenen Varianten für das Importieren von Modulen.

Aufgabe 1.2 (Verarbeiten von Personendaten). Schreiben Sie ein Programm `Personendaten`, das Name, Alter und Gehalt des Anwenders abfragt und anschließend ausgibt.

Aufgabe 1.3 (Verarbeiten von Produktdaten). Schreiben Sie ein Programm `Produktdaten`, das drei Produktkategorien, Hersteller und Preis des Anwenders abfragt und anschließend ausgibt.

Wie erstelle ich Anweisungen? Variablen, Ausdrücke und Operatoren

2

In unserem „Hallo Welt"-Programm haben wir bisher nur eine einfache Aus- und Eingabe erstellt. Eine der wichtigsten Aufgaben beim Programmieren ist das Ausführen von Rechenvorschriften. Dazu benötigen wir Variablen für die Ein- und Ausgabewerte. Diese Werte können dabei von ganz unterschiedlichen Typen sein: z. B. ganze Zahlen, Dezimalzahlen oder Zeichenketten. Mit Werten sind wir in der Lage mit mathematischen Operatoren (z. B. Grundrechenarten, Potenzieren oder Wurzelziehen) zu rechnen.

Unsere Lernziele

- Definition von Variablen erlernen.
- Zeichenketten und Felder definieren.
- Ausdrücke mit Operatoren formulieren.
- Mathematische Berechnungen fehlerfrei umsetzen.

Das Konzept

Definition von Variablen

Eine Variable legen wir in Python durch eine Zuweisung mit Hilfe des Zuweisungsoperators in Form des Gleichheitszeichens = an:

```
>>> zahl1 = 106
>>> zahl2 = 134.5
```

Der Variablenname ist eine Folge von Buchstaben, Ziffern und Symbolen, wobei das erste Zeichen keine Ziffer sein darf. Beispiele für Namen sind a, zahl oder nummer_1. Verwenden Sie stets aussagekräftige Namen, die mit einem Kleinbuchstaben beginnen. In Python wird zwischen der Groß- und Kleinschreibung unterschieden, d. h. a und A sind unterschiedliche Namen. Beachten Sie bei

© Springer Fachmedien Wiesbaden GmbH, ein Teil von Springer Nature 2020
S. Dörn, *Python lernen in abgeschlossenen Lerneinheiten*,
https://doi.org/10.1007/978-3-658-28976-8_2

Dezimalzahlen den Punkt als Trennzeichen. Sie können eine Dezimalzahl mit dem Symbol e als Zehnerpotenz schreiben, z. B. 1.82e3 für die Zahl 1820.0.

Die Werte der einzelnen Variablen sind im Laufe des Programms beliebig oft abänderbar, z. B.

```
>>> zahl1 = 23
>>> zahl2 = 235.9
```

Die ursprünglichen Werte der Variablen werden damit überschrieben.

▶   **TIPP** Mit der Eingabe eines Fragezeichens ? vor einem Variablennamen erhalten Sie Informationen über dieses Objekt. Bei der Eingabe von zwei Fragezeichen ?? vor einer Variable oder Funktionsnamen wird, falls möglich, der Quellcode angezeigt. Mit dem Präfix 0o wird eine Zahl im Oktalsystem, mit 0x im Hexadezimalsystem und mit 0b im Dualsystem definiert. In Spyder können Sie durch das Drücken der rechten Maustaste in der Konsole und Auswahl Reset namespace die Variablenliste im Explorer gelöscht.

Ausführen von Rechenvorschriften

Das Ausführen von Rechenvorschriften erfolgt mit Hilfe von Ausdrücken durch mathematische Operatoren. In einem *Ausdruck* steht auf der rechten Seite eine Zuweisung des zu berechnenden Wertes und auf der linken Seite der Name der Variablen:

```
>>> zahl = zahl1 + zahl2
258.9
```

Die Ausgabe des Wertes von der Variable zahl erfolgt mit der print()-Anweisung:

```
>>> print("Der Wert von zahl ist", zahl, " und von zahl2 ist", zahl2)
Der Wert von zahl ist 258.9  und von zahl2 ist 235.9
```

Der Wert des Ausdrucks auf der rechten Seite wird in den Speicherplatz der Variablen zahl kopiert. Ein Ausdruck der Form 20 = zahl1 liefert einen Syntaxfehler, da auf der linken Seite kein Variablenname steht.

Variablen können Sie in Python mit den folgenden arithmetischen Operatoren verknüpfen:

Operator	Erklärung
a + b	Addition
a - b	Subtraktion
a * b	Multiplikation
a / b	Division
a ** b	Exponent
a // b	Ganzzahlige Division
a % b	Rest bei ganzzahliger Division

Die Ganzzahldivision dividiert zwei ganze Zahlen und schneidet den Nachkommateil weg. Im Zusammenhang mit der Ganzzahldivision ist der Restwertoperator (Modulo Operator) % ein nützlicher Operator. Der Restwertoperator % liefert den Rest bei der ganzzahligen Division. Beispielsweise ist $11\%3 = 2$, da 2 der Rest ist bei Division von 11 durch 3, also $3 \cdot 3 + 2 = 11$.

Desweiteren existieren in Python die folgenden bitweisen Operatoren:

Operator	Erklärung
x << n	bitweise Verschiebung von n Stellen nach links
x >> n	bitweise Verschiebung von n Stellen nach rechts
x & y	bitweises UND
x | y	bitweises ODER
x ^ y	bitweises ausschließendes ODER (XOR)

▶ **ACHTUNG** Die Auswertungsreihenfolge dieser Operatoren entspricht der Rangfolge in der Mathematik: Als erstes werden die Exponent-Operatoren, dann die Punktrechenoperatoren und als letztes die Strichrechenoperatoren ausgewertet. Falls Sie eine andere Auswertungsreihenfolge wünschen, müssen Sie den zugehörigen Ausdruck in Klammern setzen. Eine typische Fehlerquelle ist beispielsweise das Berechnen von $\frac{a}{2b}$ durch den falschen Ausdruck a/2*b, anstatt mit Klammern a/(2*b).

▶ **TIPP** Spezielle mathematische Berechnungen, für die kein Operator zur Verfügung steht, erledigt das Modul math. Beispiele sind mathematische Funktionen (z. B. Betragsfunktion, Wurzelfunktion, Potenzfunktion, Logarithmus, Winkelfunktion), Konstanten (z. B. Eulersche Zahl e, Kreiszahl π), das Runden oder das Bestimmen des Maximums und Minimums zweier Zahlen (siehe Anhang). Für das Verwenden der Operationen ist der Modulname math mit dem Punktoperator und dem zugehörigen Methodennamen zu benutzen, z. B.

```
c = math.sqrt(math.pow(a, 2) + math.pow(b, 2))
```

In diesem Fall wird die Wurzel aus der Summe der beiden Quadratzahlen a und b gezogen: $c = \sqrt{a^2 + b^2}$.

Einfache Datentypen

In Python existieren für Variablen die folgenden numerischen Datentypen:

Datentyp	Beschreibung	Beispiel
int	ganze Zahl	3, 293, -4
float	Gleitkommazahl	3.14, -45.5678
bool	boolesche Zahl	True, False
complex	komplexe Zahl	3+2j, -4j

Den Datentyp einer Instanzvariable können Sie mit der Funktion type() herausfinden:

```
>>> type(123.34)
float
```

Komplexe Zahlen können Sie in Python wie folgt definieren:

```
>>> c = 2+3j
```

Mit den Attributen c.real und c.imag ist der Realteil und der Imaginärteil der komplexen Zahl c bestimmbar. Die Funktionen float(), bool() und complex() wandeln die Eingabe in eine Gleitkommazahl, eine boolesche bzw. eine komplexe Zahl um:

```
>>> float(20)
20.0
>>> bool(12)
True
>>> complex(20)
20 + 0j
```

Die Funktion int() rundet Gleitkommazahlen durch Abrunden in ganze Zahlen um:

```
>>> int(10.234)
10
```

Falls ein Wert nicht umwandelbar ist, zeigt Python Ihnen eine Fehlermeldung an. Das Runden einer Zahl mit angegebener Nachkommastelle erfolgt mit der Funktion

```
>>> round(10.345945, 3)
10.346
```

Die Funktion random.randint(a, b) aus dem Modul random erzeugt zufällige ganze Zahlen im Bereich der angegebenen Übergabeparameter, im folgenden zwischen 1 und 10:

```
>>> import random
>>> random.randint(1, 10)
4
```

Das Umwandeln einer eingelesenen Zeichenkette in eine ganze Zahl bzw. Gleitkommazahl erfolgt durch die folgenden beiden Funktionen:

```
>>> zahl1 = int(input())
>>> zahl2 = float(input())
```

▶ **ACHTUNG** Viele Programme enthalten Codezeilen, die feste Zahlengrößen miteinander verrechnen. Diese Werte können sich im Laufe der Zeit
  durch neue Anforderungen verändern. Legen Sie unbedingt für jeden
  Wert in einem Programm eine eigene Variable an. Damit verschwenden
  Sie später keine Zeit zum Suchen und Auswechseln der Werte. Mehrfach
  verwendete Werte sind außerdem schwer zu finden, sodass vergessene
  Änderungen den Programmcode fehlerhaft machen. Definieren Sie die
  notwendigen Variablen eng bei dem Ort der ersten Nutzung.

Zeichenketten

Zeichenketten (Strings) stehen entweder in einfachen oder doppelten Anführungszeichen. Mit dem Additionsoperator + und dem Multiplikationsoperator * können
Sie Zeichenketten verketten oder wiederholen:

```
>>> 'Python' + ' ist schön'
'Python ist schön'

>>> 'Python' * 3
'PythonPythonPython'
```

Die Länge einer Zeichenkette mit der Anzahl der Zeichen bestimmt sich mit der
Funktion len():

```
>>> len('Python')
6
```

Die Funktion str(zahl) wandelt eine angegebene Zahl in einen String um.

▶ **TIPP** Mit dem Maskierungszeichen (\) können Zeichen in Strings auf-
  genommen werden, die sonst nicht zulässig wären: Einfaches Anführungszeichen (\'), Doppeltes Anführungszeichen (\"), Tabulator (\t),
  Zeilenumbruch (\n), Backslash (\\). Falls vor dem öffnenden Anführungszeichen ein r steht, werden alle Backslashes so ausgegeben, wie sie in
  dem String angegeben sind.

Der Operator in prüft, ob eine Zeichenkette in einer anderen enthalten ist:

```
>>> 'Python' in 'Python ist toll'
True
```

Die folgenden Methoden sind für das Arbeiten mit Zeichenketten sehr nützlich:

Operator	Erklärung
upper()	Wandelt die Buchstaben in Großbuchstaben um
lower()	Wandelt die Buchstaben in Kleinbuchstaben um
isalpha()	Prüft, ob String nur aus Buchstaben besteht
isalnum()	Prüft, ob String nur aus Buchstaben und Zahlen besteht
isdecimal()	Prüft, ob String nur aus numerischen Zeichen besteht
isspace()	Prüft, ob String nur aus Leerzeichen, Tabulatoren und Zeilenumbrüchen besteht
istitle()	Prüft, ob String nur aus Wörtern, die mit einem Großbuchstaben beginnen und ansonsten nur Kleinbuchstaben enthalten
startswith(s)	Prüft, ob String mit der Zeichenkette s beginnt
endswith(s)	Prüft, ob String mit der Zeichenkette s endet
count(elm)	Zählt die Anzahl der Vorkommen eines Elementes
find(sub)	Sucht den angegebenen String vom Anfang der Zeichenkette
rfind(sub)	Sucht den angegebenen String vom Ende der Zeichenkette
strip()	Entfernt alle Whitespaces auf beiden Seiten der Zeichenkette
lstrip()	Entfernt alle Whitespaces am Anfang der Zeichenkette
rstrip()	Entfernt alle Whitespaces am Ende der Zeichenkette

Diese Methoden werden mit dem gegebenen String und dem Punktoperator angewandt:

```
>>> 'Python'.upper()
PYTHON
```

Das Verbinden mehrerer Strings zu einer einzelnen Zeichenkette erledigt die Methode join() mit einem gewünschten Verbindungszeichen und den einzelnen Strings in eckigen Klammern:

```
>>> ' '.join(['Python', 'ist', 'toll'])
'Python ist toll'
```

Die Methode split(t) wandelt einen String mit einem angegebenen Trennzeichen t in die einzelnen Teilstrings um:

```
>>> 'Python ist toll'.split()
['Python', 'ist', 'toll']
```

Die Methode replace(alt, neu) ersetzt die Vorkommen der Zeichenkette alt durch neu:

```
>>> s = "Programmieren ist nicht schön"
>>> s.replace("nicht", "richtig")
"Programmieren ist richtig schön"
```

▶ **TIPP** Das Formatieren einer Zeichenkette erfolgt mit der Methode `format()` durch die Übergabe von zu formatierenden Werten:

```
>>> "Betrag {:.2f} Euro und {:.2f} Euro"
              .format(45.3456, 123.2345)
"Betrag 45.35 Euro und 123.23 Euro"
```

Hierzu werden Formatangaben durch einen Doppelpunkt getrennt vom Namen mit der Anzahl der Nachkommastellen angegeben.

Der Zugriff auf einzelne Buchstaben einer Zeichenkette erfolgt über eine Indexschreibweise mit eckigen Klammern. Diese Syntax ist identisch zu den im nachfolgenden erklärten eindimensionalen Listen. In Python wird jeder Buchstabe einer Zeichenkette als ein Element einer Liste angesehen.

Eindimensionale Listen

In zahlreichen Anwendungen schreiben wir Programme, die viele Werte in Form von Datensätzen verarbeiten. Der Programmiercode wird unübersichtlich, wenn wir für jede dieser Variablen eine individuelle Variable anlegen. Wir fassen daher mehrere Variablen des gleichen Typs zu einer Liste (Array, Feld) zusammen. Für Listen existiert eine Vielzahl an Anwendungen, wie das Speichern von Personaldaten, Messdaten oder Inventarlisten.

Eine Liste (Datentyp `list`) in Python besteht aus mehreren Werten in einer geordneten Reihenfolge mit eckigen Klammern:

```
>>> liste = [1,2,3,4]
```

Die Anzahl der Elemente in der Liste wird mit `len(liste)` bestimmt. Der Zugriff auf ein Element eines Feldes mit n Elementen erfolgt über den Feld-Index durch `liste[index]` mit den ganzzahligen Werten von `index` zwischen 0 und $n-1$. Die Wertzuweisung eines Elements eines Feldes mit n Elementen wird über den Feld-Index `index` mit 0 bis $n-1$ erledigt:

```
liste[index] = wert
```

Die Indexzahlen können dabei auch negativ sein, wobei hier der Wert `-1` den letzten Index, `-2` den vorletzten Index usw. in der Liste angibt:

```
>>> liste[-1]
4
```

Auf die Elemente in einem String kann wie auf eine Liste zugegriffen werden. Ein String ist im Gegensatz zu einer Liste jedoch unveränderlich.

Mit einem sogenannten Slice-Operator `liste[a:b]` können Sie auf mehrere Elemente in einer Liste zugreifen. Die neu entstehende Liste enthält alle Werte vom ersten bis zum letzten angegebenen Index, jedoch ohne diesen letzten Indexwert:

```
>>> l = liste[1:3]
[2, 3]
```

Wenn Sie beim ersten Element beginnen oder beim letzten Element enden wollen, können Sie zur Verkürzung der Schreibweise auf einen oder beide Indizes verzichten:

```
>>> liste[:2]
[1, 2]
```

```
>>> liste[2:]
[3, 4]
```

Mit dem Slice `liste[a:b:c]` wird von `liste` der Ausschnitt von a bis b mit jedem c-ten Element betrachtet. Die Anweisung `del liste[i]` löscht das i-te Element aus der Liste. Analog dazu sind `del liste[a:b]` und `del liste[a:b:c]` zum Löschen des angegebenen Ausschnitts anwendbar.

Die Summe der Elemente bestimmt sich mit der Funktion `sum(liste)`. Mit den beiden Operatoren `min(liste)` und `max(liste)` wird das kleinste und größte Element aus der angegebenen Liste bestimmt. Die Funktion `count` zählt das Vorkommen eines Elements in einer Liste:

```
>>> v = [1, 2, 3, 2, 2, 5]
>>> v.count(2)
3
```

Mit dem Plus-Operator (+) können Sie zwei Listen verketten und mit dem Mal-Operator (*) wiederholen:

```
>>> liste + liste
[1, 2, 3, 4, 1, 2, 3, 4]
>>> liste * 3
[1, 2, 3, 4, 1, 2, 3, 4, 1, 2, 3, 4]
```

Mit der Anweisung `range(start, end, schrittweite)` und der Funktion `list()` wird eine Liste vom angegebenen Startwert `start` bis zum Endwert `end` mit der Schrittweite `schrittweite` erzeugt:

```
>>> v = list(range(1,11,2))
1,3,5,7,9
```

Der Endwert wird in der `range`-Anweisung nicht erreicht. Diese Funktion existiert auch in der Form `range(end)` bzw. `range(start, end)` mit dem Startwert 0 und der Schrittweite 1. Mit einer Mehrfachzuweisung können Sie in einer einzigen Codezeile mehreren Variablen die Werte aus einer Liste zuweisen:

```
>>> a,b,c,d = liste
```

In diesem Fall müssen in der Liste genauso viele Elemente vorhanden sein, wie Variablen angegeben sind.

Mit den beiden Operatoren `in` und `not in` ist überprüfbar, ob sich ein Wert `wert` in der Liste `liste` befindet oder nicht:

```
wert in liste
wert not in liste
```

Das Ergebnis ist in beiden Fällen ein boolescher Wert. Die Methode `index(wert)` findet in der Liste `liste` den ersten Index zu dem angegebenen Wert `wert`:

```
>>> liste.index(3)
4
```

Falls der besagte Wert nicht in der Liste vorhanden ist, erhalten Sie als Ausgabe eine Fehlermeldung.

Mit den Methoden `append()` und `insert()` wird ein Element `element` am Ende bzw. an Position `pos` der Liste `liste` hinzugefügt:

```
liste.append(element)
liste.insert(pos, element)
```

Alle Elemente einer zweiten Liste `v` sind mit `liste.extend(v)` an die angegebene Liste anhängbar. Die Methode `remove()` entfernt ein Element `element` aus der Liste `liste`:

```
liste.remove(element)
```

Falls der besagte Wert nicht in der Liste vorhanden ist, erfolgt die Ausgabe einer Fehlermeldung. Wenn das angegebene Element mehrfach in der Liste vorkommt, so wird nur das erste Vorkommen entfernt. Mit der Methode `liste.reverse()` können wir die Reihenfolge der Elemente in der Liste umkehren.

Eine Liste aus Zahlenwerten oder Strings lässt sich mit der Methode `sort()` sortieren:

```
liste.sort()
```

Die Methode verwendet dazu eine ASCII-Sortierung, bei der Großbuchstaben vor Kleinbuchstaben kommen.

▶ **ACHTUNG** Beachten Sie beim Kopieren von Arrays das Prinzip der Referenzvariablen:

```
>>> liste1 = [1,2,3,4,5]
>>> liste2 = liste1
>>> liste2[1] = -1
>>> liste1
[1, -1, 3, 4, 5]
>>> liste2
[1, -1, 3, 4, 5]
```

Die Anweisung `liste2 = liste1` erzeugt nur eine Referenzkopie von `liste1`. Überschreiben wir Elemente in `liste2`, so wirken sich diese Änderungen auch auf die entsprechenden Einträge in `liste1` aus. Mit der Methode `copy()` aus dem Modul `copy` wird eine Liste kopiert:

```
>>> import copy
>>> liste2 = copy.copy(liste1)
```

Falls die zu kopierende Liste aus Listen besteht, ist die Funktion `copy.deepcopy()` zu verwenden.

▶   **TIPP** Der Datentyp `list` ist sehr flexibel, jedoch dadurch auch ressourcenaufwendig. In Python existiert für unveränderliche Listen der Datentyp `tuple`, der nur die Funktionalitäten für unveränderliche Listen besitzt. Ein Tupel wird mit seinen Elementen durch Kommas getrennt in runden Klammern definiert:

```
>>> t = (1, 2, 3, 4)
>>> t[1:]
(2, 3, 4)
```

Übung 2.1. Initialisieren Sie eine Liste mit folgenden Werten:

(a) -2.12, -3, 5, 8.5, 10.234, 20.
(b) Montag, Dienstag, Mittwoch, Donnerstag, Freitag.
(c) Alle Zahlen von 1 bis 1000 in Zweierschritten $(1, 3, 5, \ldots, 999)$.
(d) Alle Zahlen von 1 bis n in halben Schritten.

Mehrdimensionale Listen und Matrizen

Mehrdimensionale Listen entstehen aus eindimensionalen Listen mit zusätzlichen eckigen Klammern:

```
>>> matrix = [[1,2], [3,4], [5,6]]
```

Der Zugriff auf das Element in der $(i + 1)$-ten Zeile und der $(j + 1)$-ten Spalte der Matrix erfolgt über zwei Indizes i und j mit `matrix[i][j]`. Die Wertzuweisung eines Elements $(i + 1, j + 1)$ der Matrix lautet:

```
matrix[i][j] = wert
```

Die Anzahl der Zeilen bestimmt sich mit `len(matrix)` und die Anzahl der Spalten mit `len(matrix[0])`. Der Vektor aller Elemente in der i-ten Zeile der Matrix ist definierbar durch

```
>>> v = matrix[i]
```

In der Mathematik wird ein zweidimensionales Feld in Form einer rechteckigen Anordnung von Elementen als *Matrix* bezeichnet. Die Matrix wird in der Regel durch runde Klammern umhüllt. Eine $m \times n$ Matrix ist eine Tabelle mit m Zeilen und n Spalten.

Übung 2.2. Initialisieren Sie die folgenden Matrizen:

$$A = \begin{pmatrix} 2 & 3 \\ -1 & 10 \end{pmatrix} \quad \text{und} \quad B = \begin{pmatrix} 1.3 & 2.0 & -4.3 \\ -1 & 10 & \pi \end{pmatrix}.$$

Die Beispiele

Beispiel 2.1 (Berechnen von Dreiecken). Wir erstellen ein Programm zum Berechnen der Innenwinkel aus den gegebenen Längen eines Dreiecks. In jedem Dreieck gelten zwischen den Seiten a, b und c mit ihren Gegenwinkeln α, β und γ die Beziehungen:

$$a^2 = b^2 + c^2 - 2bc\cos(\alpha)$$
$$b^2 = a^2 + c^2 - 2ac\cos(\beta)$$
$$c^2 = a^2 + b^2 - 2ab\cos(\gamma).$$

Durch Umstellen nach den Winkeln mit Anwenden der Umkehrfunktion erhalten wir die Formeln:

$$\alpha = \arccos\left(\frac{a^2 - b^2 - c^2}{-2bc}\right)$$
$$\beta = \arccos\left(\frac{b^2 - a^2 - c^2}{-2ac}\right)$$
$$\gamma = \arccos\left(\frac{c^2 - a^2 - b^2}{-2ab}\right).$$

Durch Multiplikation der Winkel mit dem Wert $180/\pi$ ergibt sich der Winkel in Grad. Das folgende Programm berechnet die Innenwinkel in Grad aus den gegebenen drei Seitenlängen.

```
 1 import math
 2
 3 # ----------- Eingabe -----------
 4 a = 4.40
 5 b = 5.73
 6 c = 3.23
 7
 8 # ----------- Berechnung -----------
 9 alpha = math.acos((a*a-b*b-c*c)/(-2*b*c)) * 180/math.pi
10 beta  = math.acos((b*b-a*a-c*c)/(-2*a*c)) * 180/math.pi
11 gamma = math.acos((c*c-a*a-b*b)/(-2*a*b)) * 180/math.pi
12
13 # ----------- Ausgabe -----------
14 print("Winkel alpha = " + str(round(alpha, 4)))
15 print("Winkel beta = "  + str(round(beta,  4)))
16 print("Winkel gamma = " + str(round(gamma, 4)))
```

Ausgabe:

```
Winkel alpha = 49.7723
Winkel beta = 96.1396
Winkel gamma = 34.0881
```

Allgemeine Erklärung:

- Zeile 4–6: Definition der Eingabewerte der Seiten mit einem aussagekräftigen Kommentar.
- Zeile 9–11: Berechnen der drei Innenwinkel mit Hilfe der obigen Berechnungs-vorschrift mit der Umkehrfunktion `math.acos()` und der Konstanten `pi` aus dem Modul `math`.
- Zeile 14–16: Ausgabe der Innenwinkel durch Runden auf 4-Nachkommastellen mit dem Ausgabebefehl `print()`.

Beispiel 2.2 (Zeichenkettenverarbeitung). Wir schreiben ein Programm zum Ein-lesen zweier Zeichenketten. Die beiden Zeichenketten werden anschließend ver-knüpft, in Kleinbuchstaben umgewandelt und als Liste abgespeichert.

```
1 # ------------ Eingabe ------------
2 print("Bitte geben Sie die erste Zeichenkette ein:")
3 z1 = input()
4 print("Bitte geben Sie die zweite Zeichenkette ein:")
5 z2 = input()
6
7 # ------------ Berechnung ------------
8 # Verbinden der beiden Zeichenketten
9 z = z1 + " " + z2
10
11 # Anzahl der Buchstaben
12 anz = len(z)
13
14 # Umwandlung in Kleinbuchstaben
15 z = z.lower()
16
17 # Erstellen der Wortliste
18 woerter = z.split()
19
20 # Hinzufügen am Anfang und Ende
21 woerter.insert(0, "***")
22 woerter.append("***")
23
24 # ------------ Ausgabe ------------
25 print("Verbundene Zeichenkette:", z)
26 print("Anzahl der Buchstaben:", anz)
27 print("Wortliste:", woerter)
28 print("Jeder dritte Buchstabe:", z[0:anz:3])
```

Ausgabe:

```
Bitte geben Sie die erste Zeichenkette ein:
Hallo PYTHON
Bitte geben Sie die zweite Zeichenkette ein:
Hallo WELT
Verbundene Zeichenkette: hallo python hallo welt
Anzahl der Buchstaben: 23
Wortliste: ['***', 'hallo', 'python', 'hallo', 'welt', '***']
Jeder dritte Buchstabe: hlph l l
```

Allgemeine Erklärung:

- Zeile 2–5: Definition der Eingabewerte in Form von zwei Zeichenketten.
- Zeile 9–22: Anwendung verschiedener Operationen zur Manipulation und Umwandlung der Zeichenketten.
- Zeile 25–28: Ausgabe der berechneten Ergebnisse auf der Konsole.

▶ **ACHTUNG** Achten Sie unbedingt auf die Lesbarkeit des Programmcodes, damit andere Programmierer schnell den Code verstehen können. Benennen Sie Variablen mit konsistenten, aussagekräftigen, aussprechbaren und unterscheidbaren Namen. Sinngebende Namen sollten angeben, was gemeint ist und in welcher Einheit gemessen wird (z. B. `zeitInSekunde`). Für die bessere Lesbarkeit sind alle folgenden Wortanfänge groß zu schreiben. Verwirrend ist beispielsweise das Bezeichnen von Elementzahlen mit `anz`, `n`, `m`, besser ist ein kurzes beschreibendes Wort mit einem sinnvollen Anhang, wie beispielsweise zahl (z. B. `knotenzahl`, `kantenzahl`).

Die Zusammenfassung

1. Eine *Variable* ist eine Art von Behälter für eine Größe, die bei Rechenprozessen im Computerprogramm auftritt. Für alle nichtkonstanten Werte sind in einem Programm stets Variablen zu definieren. Über den Variablennamen wird auf die entsprechende Speicherstelle zugegriffen.
2. Ein *Bezeichner* ist ein Name für definierte Elemente wie Variablen, Klassen, Methoden, usw. Der *Name* besteht aus einer Folge von Buchstaben, Ziffern und Symbolen, wobei das erste Zeichen keine Ziffer sein darf (Groß- und Kleinschreibung wird unterschieden).
3. Ein *Literal* ist ein fester Wert für einfache Datentypen, der direkt im Quelltext steht, wie z. B. `23.4`, `3.2e3` oder `True`.
4. Die *Definition* einer Variablen ist eine Anweisung zum Reservieren von Speicher (Deklaration) und zum Zuweisen eines Wertes (Initialisierung):

```
name = wert
```

5. Ein *Ausdruck* setzt sich aus Werten und Operatoren zusammen. Ein einzelner Wert ohne Operator ist ebenfalls ein Ausdruck. Alle Ausdrücke sind stets mit einem Semikolon abzuschließen.

6. Unter einer Liste, Array, Feld, Tupel versteht man die Zusammenfassung von mehreren Variablen des gleichen Typs unter einem gemeinsamen Namen. Listen treten in den meisten Fällen als ein oder zweidimensionale Felder in Form von Tabellen oder Matrizen auf.

Weitere nützliche Befehle:

1. Für das Einsparen von Schreibarbeit existieren in Python die folgenden verkürzten Zuweisungsoperatoren:

Name	Operator	Erklärung
Addition	a += b	a = a + b
Subtraktion	a -= b	a = a - b
Multiplikation	a *= b	a = a * b
Division	a /= b	a = a / b
Restwert	a %= b	a = a % b

Die Übungen

Aufgabe 2.1 (Anwenden von Listen). Erweitern Sie die beiden Aufgaben aus dem letzten Kapitel, indem Sie die eingegebenen Daten in einer passenden Liste speichern.

Aufgabe 2.2 (Bestimmen von Zinsen). Schreiben Sie ein Programm `Zinsen`, das einen aktuellen Anfangskapitalwert K_0 [Euro] mit einem Zinssatz p [%] nach n Jahren verzinst:

$$K_n = K_0 \cdot \left(1 + \frac{p}{100}\right)^n.$$

Hinweis: Verwenden Sie die Methode `Math.pow(a,b)` aus dem Modul `math` zum Berechnen von a hoch b.

Testbeispiele:

$K_0 = 1000.00$, $n = 5$, $p = 2.0$ folgt $K_5 = 1104.08$
$K_0 = 1000.00$, $n = 5$, $p = -2.0$ folgt $K_5 = 903.92$

Aufgabe 2.3 (Berechnen einer Dreiecksfläche). Schreiben Sie ein Programm `Dreieck`, das die Fläche eines Dreiecks berechnet und ausgibt. Ein Dreieck wird dabei durch die drei Eckpunkte $P_1 = (x_1, y_1)$, $P_2 = (x_2, y_2)$ und $P_3 = (x_3, y_3)$

vorgegeben. Zum Berechnen der Dreiecksfläche verwenden wir die Heronische Formel

$$A = \sqrt{s(s-a)(s-b)(s-c)},$$

wobei $s = (a+b+c)/2$ und a, b, c die Seitenlängen des Dreiecks sind.

Hinweis: Verwenden Sie die Methode `math.sqrt(a)` aus dem Modul `math`, um die Wurzel von `a` zu berechnen. Eine Seitenlänge l zwischen zwei Punkten $P_1 = (x_1, y_1)$ und $P_2 = (x_2, y_2)$ bestimmt sich aus

$$l = \sqrt{(x_2 - x_1)^2 + (y_2 - y_1)^2}.$$

Zur besseren Übersicht berechnen Sie zunächst die Längen der Dreiecksseiten a, b, c und anschließend die Variable s. Speichern Sie die gegebenen Punkte in dem Datentyp `list` oder `tuple`.

Testbeispiele:
$P_1 = (0, 0)$, $P_2 = (2, 3)$, $P_3 = (6, 3)$ folgt $A = 6$ FE
$P_1 = (0, 0)$, $P_2 = (-2, 1)$, $P_3 = (2, 1)$ folgt $A = 2$ FE

Aufgabe 2.4 (Umrechnen von Einheiten). Schreiben Sie ein Programm `Zaehlmass`, das eine gegebene Anzahl von Einzelstücken n in Gros, Schock und Dutzend umrechnet. Hierzu sind die folgenden Umrechnungsmaße gegeben: 1 Dutzend = 12 Stück, 1 Schock = 5 Dutzend, 1 Gros = 12 Dutzend.

Hinweis: Verwenden Sie den Modulo-Operator `%` für den Rest bei der ganzzahligen Division sowie die ganzzahlige Division zur Berechnung der einzelnen Werte.

Testbeispiele:
$n = 370$: Gros = 2, Schock = 1, Dutzend = 1, Stück = 10
$n = 473$: Gros = 3, Schock = 0, Dutzend = 3, Stück = 5

Aufgabe 2.5 (Lösen einer quadratischen Gleichung). Schreiben Sie ein Programm `QuadGleichung`, das die Nullstellen der quadratischen Gleichung $ax^2 + bx + c = 0$ berechnet. Die Nullstellen bestimmen sich dabei über die sogenannte Mitternachtsformel:

$$x_{1,2} = \frac{-b \pm \sqrt{b^2 - 4ac}}{2a}.$$

Lesen Sie die drei Zahlen a, b und c ein und geben Sie die Lösung auf vier Nachkommastellen genau an. Speichern Sie die berechneten Lösungen als Liste ab.

Hinweis: Erstellen Sie das Programm zunächst mit einer festen Eingabe durch die Wahl eines geeigneten Testbeispiels. Erweitern Sie das Programm erst nach erfolgreicher Fertigstellung mit einer Eingaberoutine, um Zeit beim Testen zu sparen. Verwenden Sie geeignete Testbeispiele für die Überprüfung des Programmcodes.

Wie erstelle ich Verzweigungen? Bedingte Auswahlanweisungen

3

Unsere bisherigen Programme bestanden nur aus einzelnen Anweisungen, die der Reihe nach von oben nach unten abgearbeitet wurden. Damit können wir direkte Sequenzen der Form „Führe A gefolgt von B aus" ausdrücken oder Programme mit Formeln schreiben. Die Aufgabe dieses Kapitels ist, den Ablauf eines Programms mit Verzweigungen der Form „Wenn Q, dann führe A aus, andernfalls B" zu steuern.

Unsere Lernziele

- Relationale und logische Operatoren verwenden.
- Programme mit bedingten Auswahlanweisungen formulieren.
- Funktionsweise der Fallunterscheidung mit if-else-Anweisungen verstehen.

Das Konzept

Relationale und logische Operatoren

Um Programme mit Auswahlanweisungen zu steuern, sind Kenntnisse über relationale und logische Operatoren notwendig:

Name	Operator	Erklärung
Gleichheitsoperator	a == b	Test auf Gleichheit
Ungleichheitsoperator	a != b	Test auf Ungleichheit
Größeroperator	a > b	Test, ob linker Operand größer als rechter ist
Kleineroperator	a < b	Test, ob linker Operand kleiner als rechter ist
Größergleichoperator	a >= b	Test, ob linker Operand größer gleich rechter ist
Kleinergleichoperator	a <= b	Test, ob linker Operand kleiner gleich rechter ist

© Springer Fachmedien Wiesbaden GmbH, ein Teil von Springer Nature 2020
S. Dörn, *Python lernen in abgeschlossenen Lerneinheiten*,
https://doi.org/10.1007/978-3-658-28976-8_3

Beim Überprüfen von Ausdrücken erhalten wir das Ergebnis `True` oder `False`, welches wir in Variablen vom Typ `bool` speichern können:

```
>>> b1 = (4 + 6 == 10)
True
>>> b2 = (5 < 5)
False
>>> b3 = (10 != 20)
True
```

▶ **ACHTUNG** Beachten Sie, dass der Operator `==` zwei Werte auf Gleichheit überprüft, während der Operator `=` eine Zuweisung eines Ausdrucks auf der rechten Seite an eine Variable auf der linken Seite durchführt. Exakte Vergleiche zweier Gleitkommazahlen sind durch die begrenzte Genauigkeit der Darstellung problematisch. Für einen Vergleich sind diese Zahlen vorher zu runden.

In logischen Operatoren sind die beteiligten Operanden vom Datentyp `bool` mit den beiden Werten `True` und `False`. Mit den drei booleschen Operatoren `and`, `or` und `not` können boolesche Werte in Kontrollstukturen verglichen werden:

Name	Operator	Erklärung
Logischer UND-Operator	`a and b`	Wahr, wenn beide Ausdrücke wahr sind
Logischer ODER-Operator	`a or b`	Wahr, wenn mindestens ein Ausdruck wahr ist
Negationsoperator	`not a`	Wahr, wird Falsch und umgekehrt

Beispielsweise ergibt sich bei dem Ausdruck `(3 < 5) and (10 > 7)` das Ergebnis `True`, da sowohl der erste als auch der zweite Teilausdruck wahr sind:

```
>>> (3 < 5) and (10 > 7)
True
```

Mit Hilfe von logischen Operatoren und den nachfolgenden Anweisungen für Fallunterscheidung ist der Programmablauf (Flusssteuerung) steuerbar.

Einfache-Fallunterscheidung: if-Anweisung

Die einfache Fallunterscheidung verwenden wir für die bedingte Verzweigung. Die Syntax der einfachen `if`-Anweisung ist

```
if Bedingung:
    # Anweisungen 1
else:
    # Anweisungen 2
```

Allgemeine Erklärung:

Falls die Bedingung zutrifft, d. h. `Bedingung` den Wert `True` hat, werden die `Anweisungen 1` ausgeführt. Trifft die Bedingung nicht zu, werden die `Anweisungen 2` ausgeführt. In Abb. 3.1 ist das zugehörige Ablaufdiagramm der `if`-Anweisung dargestellt. Der `else`-Zweig ist optional, entfällt dieser, so spricht man von einer bedingten Anweisung.

▶   **ACHTUNG** Ein Block besteht aus einer Gruppe von Anweisungen, die in Python eingerückt sind und hintereinander ausgeführt werden. Der Beginn und das Ende eines Blocks wird durch Einrücken auf Basis der folgenden Regeln durchgeführt:

1. Der Block beginnt, wenn Codezeilen weiter eingerückt werden.
2. Einzelne Blöcke können andere Blöcke einschließen.
3. Der Block endet, wenn die Einrückung auf null oder auf die Einrückung des einschließenden Blocks zurückgeht.

Die Anweisung `pass` kann optional zur Signalisierung des Endes eines Blockes verwendet werden.

Beispiel 3.1.

1. Für eine Zahl $n > 0$ ist die Zahl a zu halbieren und die Zahl b um zwei zu erhöhen:

```
if n > 0:
    a = a / 2
    b = b + 2
```

Abb. 3.1 Einfach-Fallunterscheidung mit `if-else`-Anweisung

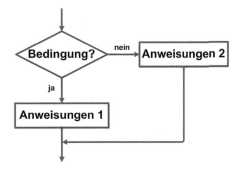

2. Für eine Zahl $n > 0$ ist die Zahl s um eins zu erhöhen, andernfalls um eins zu verringern:

```
if n > 0:
    s = s + 1
else:
    s = s - 1
```

3. Für eine Zahl n ist die Ausgabe „Zahl gerade" (Teiler 2) oder „Zahl ungerade" (kein Teiler 2) auszugeben:

```
if n % 2 == 0:
    print("Zahl gerade")
else:
    print("Zahl ungerade")
```

4. Für eine Zahl $0 < n < 100$ ist die Ausgabe „Zahl im Intervall" zu schreiben:

```
if (n > 0) and (n < 100):
    print("Zahl im Intervall")
```

▶ **TIPP** Eine `if-else`-Anweisung besitzt mindestens vier Zeilen. Mit einem bedingten Ausdruck lässt sich dieser ganze Code in eine Zeile schreiben:

```
Anweisung 1 if Bedingung else Anweisung 2
```

Falls die `Bedingung` wahr ist, wird `Anweisung1` ausgeführt, andernfalls `Anweisung2`. Der Bedingungsoperator kann auch einer Variable einen Wert zuweisen:

```
var = (0 if x <= 0 else 1)
```

Die Variable `var` bekommt den Wert 0, wenn der Wert von `x` kleiner gleich 0 ist, andernfalls den Wert 1.

▶ **ACHTUNG** Beim Programmieren mit `if`-Anweisungen treten häufig die folgenden Fehler auf:

1. **Fehlender Doppelpunkt nach Bedingung**:

```
if zahl > 0
    # Anweisungen
```

Syntaxfehler `SyntaxError: invalid syntax`: Setzen Sie den Doppelpunkt hinter die `if`-Anweisung.

2. **Fehlende Einrückung:**

```
if zahl > 0:
# Anweisungen
```

Syntaxfehler `IndentationError: expected an indented block`: Rücken Sie den gesamten Ausdruck der Bedingung ein.

3. **Fehlender Doppelpunkt nach `else`:**

```
if zahl > 0:
    # Anweisungen 1
else
    # Anweisungen 2
```

Syntaxfehler `SyntaxError: invalid syntax`: Setzen Sie den Doppelpunkt hinter die `else`-Anweisung.

Setzen Sie stets Ausdrücke in Klammern, wenn Sie diese mit logischen Operatoren verbinden.

Mehrfach-Fallunterscheidung: elif-Anweisung

Im `if`-Zweig und im `else`-Zweig einer `if`-Anweisung darf eine beliebige Anweisung stehen. Das kann wiederum eine `if`-Anweisung selbst sein. Die `elif`-Anweisung ist die allgemeinste Möglichkeit für eine Mehrfachauswahl. Mit diesem Konstrukt ist eine Auswahl unter verschiedenen Alternativen zu treffen. In Abb. 3.2 ist das zugehörige Ablaufdiagramm der `elif`-Anweisung dargestellt.

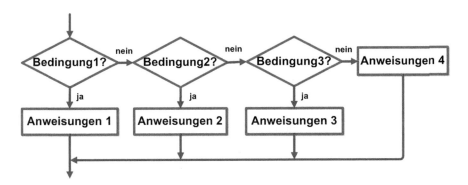

Abb. 3.2 Mehrfach-Fallunterscheidung mit `elif`-Anweisung

Die Syntax dieser Anweisung ist:

```
if Bedingung1:
   # Anweisungen 1
elif Bedingung2:
   # Anweisungen 2
elif Bedingung3:
   # Anweisungen 3
else:
   # Anweisungen 4
```

Allgemeine Erklärung:

In der angegebenen Reihenfolge erfolgt ein Vergleich nach dem anderen. Bei der ersten erfüllten Bedingung werden die zugehörigen Anweisungen abgearbeitet und die Mehrfachauswahl abgebrochen. Der letzte else-Zweig ist optional. Dieser else-Zweig ist beispielsweise zum Abfangen von Fehlern nützlich.

Beispiel 3.2.

1. Fallbasierte Festlegung des Werts der Variablen preis in Abhängigkeit von alter:

```
if alter < 12:
   preis = 0.0
elif (alter >= 12) and (alter < 18):
   preis = 6.0
elif (alter >= 18) and (alter < 65):
   preis = 10.0
else:
   preis = 8.0
```

2. Berechnen eines Signalwertes y in Abhängigkeit der Variablen x und a:

$$y = \begin{cases} 0, \ x < 0 \\ x, \ 0 \le x \le a \\ a, \ \text{sonst.} \end{cases}$$

Die Variable y hat den Wert 0, für $x < 0$, den Wert x für alle x-Werte zwischen 0 und a sowie den Wert a für alle Werte $x > a$:

```
if x < 0:
   y = 0
elif (x >= 0) and (x <= a):
   y = x
else:
   y = a
```

► **TIPP** Verwenden Sie in Ihrem Programmcode keine genialen Programmiertricks, die nur schwer nachvollziehbar sind. Gestalten Sie logische
Aussagen ohne Negationen auf die einfachste Art und Weise. Wenn Sie
eine Anweisung für eine Bedingung mehrfach verwenden, definieren Sie
dafür eine geeignete Variable vom Typ `bool`.

In der Praxis werden häufig `if`-Anweisungen verschachtelt, sprich eine `if`-An-
weisung steht in einer anderen `if`-Anweisung:

```
if Bedingung1:
  if Bedingung2:
    # Anweisungen 1
  else:
    # Anweisungen 2
else:
  # Anweisungen 3
```

Übung 3.1. Schreiben Sie ein Programm, das prüft, ob eine eingegebene Zahl x in
dem Intervall $I_1 = \{x \mid a_1 \leq x \leq b_1\}$ oder $I_2 = \{x \mid a_2 \leq x \leq b_2\}$ liegt.

Die Beispiele

Beispiel 3.3 (Definition einer mathematischen Funktion). Wir schreiben ein Programm, das in Abhängigkeit eines Wertes t einen Ausgabewert v bestimmt. Beispielsweise ist t der Wert eines Temperatursensors, der eine Heizungsanlage regelt.
Falls t kleiner als $0°$ ist, beträgt $v = 100$, zwischen $0°$ und $20°$ ist $v = 100 - 5t$ und
ab $20°$ ist $v = 0$. Mathematisch lässt sich diese Bedingung wie folgt darstellen:

$$v = \begin{cases} 100, & t < 0 \\ 100 - 5t, & 0 \leq t < 20 \\ 0, & \text{sonst.} \end{cases}$$

Mit diesen Angaben implementieren wir das folgende Programm:

```
1 # ------------ Eingabe ------------
2 print("Wie lautet die Temperatur?")
3 t = float(input())
4
5 # ---------- Berechnung ----------
6 if t < 0:
7     v = 100
8 elif (t >= 0) and (t < 20):
9     v = 100 - 5*t
10 else:
11     v = 0
12
13 # ------------ Ausgabe ------------
14 print("Bei Temperatur " + str(t) + " Grad ist die Ausgabe " + str(v))
```

Ausgabe:

```
Wie lautet der Temperaturwert?
5.8
Bei Temperatur 5.8 Grad ist die Ausgabe 71.0s
```

Allgemeine Erklärung:

- Zeile 2–3: Einlesen des Wertes der Variablen *t* über die Konsole.
- Zeile 6–11: Berechnen des Ausgabewertes mit Hilfe der `if-else`-Anweisung. Für das Überprüfen, ob der Wert in dem angegebenen Intervall ist, werden die zwei logischen Aussagen mit dem UND-Operator verknüpft.
- Zeile 13: Ausgabe des Ergebnisses über eine formatierte Ausgabe.

Beispiel 3.4 (Bestimmen der Tage eines Monats). Wir schreiben ein Programm, das für einen Monat die Anzahl der zugehörigen Tage bestimmt. Wir verzichten zunächst auf die Regelung eines Schaltjahres. Die Monate Januar, März, Mai, Juli, August, Oktober und Dezember haben 31, die Monate April, Juni, September und November haben 30 und der Februar 28 Tage.

```
1 # ------------ Eingabe ------------
2 print("Wie lautet der Monat?")
3 monat = int(input())
4
5 # ------------ Berechnung ------------
6 if (monat == 1) or (monat == 3) or (monat == 5) or (monat == 7) or \
7     (monat == 10) or (monat == 12):
8     tage = 31
9 elif (monat == 4) or (monat == 6) or (monat == 9) or (monat == 11):
10     tage = 30
11 elif monat == 2:
12     tage = 28
13 else:
14     tage = 0
15
16 # ------------ Ausgabe ------------
17 print("Der", monat, "-te Monat im Jahr hat", tage, "Tage.")
```

Ausgabe:

```
Wie lautet der Monat?
11
Der 11-te Monat im Jahr hat 30 Tage.
```

Allgemeine Erklärung:

- Zeile 2–3: Einlesen des Monats über die Konsole als `int`-Wert.
- Zeile 6–14: Bestimmen der Anzahl der Tage mit Hilfe der `elif`-Anweisung.
- Zeile 17: Ausgabe der Anzahl der Tage über eine formatierte Ausgabe.

Die Zusammenfassung

1. Die `if`- und `elif`-Anweisungen gehören zu den Kontrollstrukturen, die angeben, was in jedem Schritt zu tun ist.
2. Eine Bedingung in einer `if`- und `elif`-Anweisung ist mit logischen Ausdrücken erstellbar. Das Klammern jeder einzelnen Verknüpfung ist dabei grundsätzlich empfehlenswert, um logische Fehler zu vermeiden.
3. Die bedingten Auswahlanweisungen sind beliebig ineinander schachtelbar. Von großer Bedeutung ist dabei das korrekte Einrücken der einzelnen Blöcke.

Die Übungen

Aufgabe 3.1 (Münzwurf). Schreiben Sie ein Programm, das einen Münzwurf durch die Ausgabe „Kopf" oder „Zahl" simuliert.
Hinweis: Verwenden Sie für das Erzeugen einer Zufallszahl die Anweisung `random.randint(a, b)` (Modul `random`), die eine zufällige ganze Zahlen zwischen a und b erzeugt.

Aufgabe 3.2 (Quadratische Gleichung). Ergänzen Sie im Programm zum Berechnen der Nullstellen einer quadratischen Gleichung aus dem letzten Kapitel die Fallunterscheidung für die drei Lösungsarten (zwei verschiedene Lösungen, doppelte Lösung, keine reelle Lösung). Falls Sie mit komplexen Zahlen vertraut sind, geben Sie für den dritten Fall die zugehörige komplexe Lösung an.

Aufgabe 3.3 (Klassifizierung von Schrauben). Ein Hersteller klassifiziert Schrauben nach folgendem Schema:

- Schrauben mit einem Durchmesser bis zu 3 mm und einer Länge bis zu 20 mm sind vom Typ1.
- Schrauben mit einem Durchmesser von 4 bis 6 mm und einer Länge von 21 bis 30 mm sind vom Typ2
- Schrauben mit einem Durchmesser von 7 bis 20 mm und einer Länge von 31 bis 50 mm sind vom Typ3

Schreiben Sie ein Programm `Schrauben`, die den richtigen Schraubentyp ermittelt, wenn Durchmesser und Länge als ganze Zahlen eingegeben werden. Sollte eine Schraube keiner der oben beschriebenen Kategorien angehören, soll die Meldung „Unbekannter Schraubentyp" ausgegeben werden. Testen Sie Ihr Programm für verschiedene Eingaben.

Aufgabe 3.4 (Schaltjahr). Schreiben Sie ein Programm `Kalender` zum Bestimmen der Anzahl der Tage in einem Monat. Beachten Sie hierbei die Problematik des Schaltjahrs, bei dem der Februar 29 statt 28 Tage besitzt. Ein Schaltjahr ist dann, wenn die Jahreszahl durch vier und nicht durch 100 teilbar ist oder wenn die Jahreszahl durch 400 teilbar ist.

Aufgabe 3.5 (Maschinensteuerung). Die Steuerung einer Maschine ist abhängig von einem Parameter α, der drei verschiedene Werte annehmen kann. Für den Parameter α sind die folgenden Kennfunktionen einer Steuergröße y in Abhängigkeit eines Wertes x gegeben:

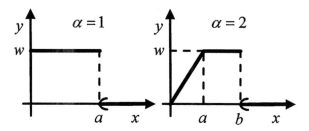

Der runde Halbkreis auf der x-Achse symbolisiert ein offenes Intervall $(a, \infty) = \{x \mid x > a\}$ für alle Zahlen größer als a. Erstellen Sie ein Programm Steuerung, die für die Eingabe von α und x den zugehörigen Ausgabewert y berechnet. Die dazu notwendigen Parameter a, b und w sind über die Konsole einzulesen.

Wie wiederhole ich Anweisungen? Iterationen und Schleifen

4

In vielen Programmen sind Anweisungen mehrfach zu wiederholen. Das Kopieren unzähliger gleicher Anweisungen ist ineffizient und unpraktikabel, da die Anzahl der Wiederholungen oftmals nicht konstant ist. Bei Wiederholungsanweisungen unterscheiden wir prinzipiell zwischen beschränkten Iterationen der Form „Führe A genau N-mal aus" und bedingten Iterationen der Form „Wiederhole A solange, bis Q gilt". Die Schleifen gehören, wie die Verzweigungen, zu den Kontrollstrukturen. Diese Konstrukte haben die Aufgabe, den Ablauf eines Computerprogramms zu steuern. Viele Programme enthalten zahlreiche unterschiedliche Arten von Kontrollstrukturen, die teilweise miteinander verschachtelt sind.

Unsere Lernziele

- Programme mit beschränkten und bedingten Schleifen formulieren.
- Schleifen mittels for- und while-Anweisungen erzeugen.
- Geschachtelte Kontrollstrukturen praktisch umsetzen.

Das Konzept

Zählschleifen

Die for-Schleife ist eine Kontrollstruktur, die eine Gruppe von Anweisungen in einem Block mit einer definierten Anzahl von Wiederholungen ausführt: „Führe A genau N-mal aus."

Beispiel 4.1. Die folgende for-Schleife gibt die ersten zehn Quadratzahlen aus:

```
for i in range(1, 11, 1):
    print(i*i)
```

S. Dörn, *Python lernen in abgeschlossenen Lerneinheiten*,
https://doi.org/10.1007/978-3-658-28976-8_4

Ausgabe:

```
1 4 9 16 25 36 49 64 81 100
```

Allgemeine Erklärung:
Die `for`-Anweisung führt die folgenden Schritte durch:

1. Setze im ersten Durchlauf der Schleife die Variable `i` auf den Wert 1 (`i=1`).
2. Prüfe vor jedem Durchlauf, ob `i` einen Wert kleiner gleich 10 hat (`i<11`). Falls ja, führt die Schleife die Anweisungen im Block aus (`print(i*i)`), ansonsten bricht die Schleife ab.
3. Erhöhe nach jedem Durchlauf den Wert von `i` um 1 (`i=i+1`).

Die allgemeine Syntax der `for`-Schleife lautet:

```
for variable in objekt:
    # Anweisungen
```

Allgemeine Erklärung: Eine `for`-Schleife besteht in Python aus einem Variablennamen, dem Schlüsselwort `in`, einem iterierbaren Objekt einem Doppelpunkt und einem eingerückten Codeblock in der nächsten Zeile. Ein iterierbares Objekt sind beispielsweise Listen und Strings, deren Elemente der Reihe nach durchlaufen werden.

Die `for`-Schleife als Zählschleife wird mit der Funktion `range()` erzeugt:

```
for variable in range(startwert, endwert, schrittweite):
    # Anweisungen
```

Allgemeine Erklärung: Eine `for`-Schleife besteht in Python aus einem Variablennamen, dem Schlüsselwort `in`, einem Aufruf der Funktion `range()` mit bis zu drei Integern, einem Doppelpunkt und einem eingerückten Codeblock in der nächsten Zeile. Der Endwert wird in diesem Fall nicht erreicht. Die `for`-Schleife durchläuft dann in der angegebenen Variable alle Elemente der `range()`-Anweisung.

Die `for`-Schleife ist nützlich, wenn die Anzahl der Wiederholungen vor Eintritt in die Schleife bekannt ist. Diese Schleife wird häufig für das Aufsummieren von Werten oder das Durchlaufen von Listen eingesetzt. In den folgenden Beispielen geben wir einige Anwendungen an.

Beispiel 4.2.

1. Berechnen der Summe der Quadratzahlen von 1 bis n: $1 + 2^2 + 3^2 + \ldots + n^2$:

```
s = 0
for i in range(1, n+1, 1):
    s = s + i*i
```

2. Berechnen des Produktes der Quadratzahlen von 1 bis n: $1 \cdot 2^2 \cdot 3^2 \cdot \ldots \cdot n^2$:

```
s = 1
for i in range(1, n+1, 1):
    s = s * i*i
```

3. Berechnen der Summe aller Zahlen zwischen a und b mit Schrittweite h:

```
s = 0
for i in range(a, b+1, h):
    s = s + i
```

4. Bestimmen des maximalen Wertes eines gegebenen Arrays `feld`:

```
max = feld[0]
for i in range(0, len(feld), 1):
    if max < feld[i]:
        max = feld[i]
```

5. Zählen des Buchstaben a/A in einer Zeichenkette `wort`:

```
anz = 0
for i in range(0, len(wort)):
    if (wort[i]=="A") or (wort[i]=="a"):
        anz = anz + 1
```

6. Berechnen der Summe der ersten n Quadratzahlen, die durch drei teilbar sind und der Summe der ersten n Kubikzahlen die durch fünf teilbar sind:

```
s = 0
for i in range(1, n+1):
    if i%3 == 0:
        s = s + math.pow(i, 2)
    if i%5 == 0:
        s = s + math.pow(i, 3)
```

▶ **TIPP** Eine alternative Möglichkeit besteht durch die Angabe einer konkreten Liste für die `range`-Anweisung:

```
for variable in liste:
    # Anweisungen
```

Um über die Indizes einer Liste `liste` zu iterieren wird das folgende Konstrukt verwendet:

```
for variable in range(len(liste)):
    # Anweisungen
```

Eine weitere nützliche Variante für Schleifen ist die Funktion `enumerate()`, die neben dem Laufindex (1. Wert) auch den zugehörigen Wert des iterierbaren Datentyps (2. Wert) liefert:

```
liste = ['eins', 'zwei', 'drei', 'vier']
for i, wert in enumerate(liste, 1):
    print(i, wert)
```

Ausgabe:

```
1 eins
2 zwei
3 drei
4 vier
```

Das zweite optionale Argument in der Funktion `enumerate()` gibt den Startwert des Laufindex an.

In Python existiert eine weitere Syntax, die sogenannte List Comprehension, um Listen zu erzeugen. Eine List Comprehension besteht aus einem Ausdruck, gefolgt von beliebige vielen `for`-Schleifen, die in eckigen Klammern stehen:

```
>>> [x**2 for x in range(0,7)]
[0, 1, 4, 9, 16, 25, 36]
```

Das Initialisieren eines zweidimensionalen Arrays der Größe $m \times n$ mit Nullen erfolgt mit dieser Anweisungsart:

```
a = [[0 for x in range(n)] for y in range(m)]
```

Der `for`-Bereich lässt sich dabei um eine Fallunterschiedung erweitern:

```
>>> [x**2 for x in range(0,10) if x%3 == 0]
[0, 9, 36, 81]
```

Beispiel 4.3. Initialisieren eines zweidimensionalen Arrays der Größe $m \times n$ mit den Einträgen $i + j$ in Zeile i und Spalte j:

```
a = [[0 for x in range(n)] for y in range(m)]
for i in range(0, m):
    for j in range(0, n):
        a[i][j] = i + j
```

oder als Alternative:

```
a = []
for i in range(0, m):
    v = [i + j for j in range(0, n)]
    a.append(v)
```

▶ **ACHTUNG** Sie bekommen einen Laufzeitfehler der Form `IndexError:`
   `list assignment index out of range`, wenn ein Zugriff auf
   ein Element des Arrays außerhalb der Feldgrenzen stattfindet. Beachten
   Sie, dass der Index eines Arrays immer eine ganze Zahl sein muss. Sie
   erhalten einen Syntaxfehler, falls die Indexposition oder die Länge des
   Feldes eine Gleitkommazahl ist.

Bedingungsschleifen

Ein Nachteil von Zählschleifen liegt in der vorherigen Definition der Anzahl der
Schleifendurchläufe. Häufig ergeben sich während eines Schleifendurchlaufs neue
Bedingungen, die mehr oder weniger weitere Durchläufe erfordern. Beispielsweise
ist bei Näherungsverfahren nach jedem neuen Iterationsschritt zu prüfen, ob die
geforderte Genauigkeit des Ergebnisses erreicht ist. Weitere Schleifendurchläufe
sind dann nicht mehr auszuführen.

Die notwendige Flexibilität für die Anzahl der Schleifendurchläufe bietet die
sogenannte Bedingungsschleife. Die Bedingung steuert die Schleife, die vor oder
nach jedem Schleifendurchlauf überprüft wird. In Abhängigkeit davon erfolgt
entweder ein erneutes Ausführen der Anweisung im angegebenen Block oder die
Schleife wird verlassen.

Bedingungsschleifen: while-Schleife

Die `while`-Schleife ist eine abweisende Bedingungsschleife, die solange ausgeführt wird, wie die Bedingung wahr ist: „Wiederhole A, solange bis Q gilt." In
Abb. 4.1 ist das zugehörige Ablaufdiagramm der `while`-Schleife dargestellt.

Abb. 4.1 Abweisende
Bedingungsschleife einer
`while`-Schleife

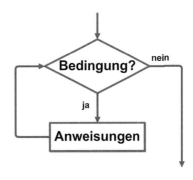

Die `while`-Schleife besteht aus dem Schlüsselwort `while`, einer Bedingung, einem Doppelpunkt und einem eingerückten Codeblock in der nächsten Zeile:

```
while Bedingung:
  # Anweisungen
```

Allgemeine Erklärung:
In einer `while`-Schleife werden die Anweisungen im Block in Abhängigkeit von dem Wahrheitswert `Bedingung` wiederholt. Die Schleife führt diese `Anweisungen` nur dann aus, wenn die `Bedingung` wahr ist. Um keine Endlosschleife zu erzeugen, ist der Wert von `Bedingung` im Schleifenrumpf zu verändern.

Beispiel 4.4. Die folgende `while`-Schleife gibt die ersten zehn Quadratzahlen aus:

```
i = 1
while i <= 10:
  print(i*i)
  i = i+1
```

Ausgabe:

```
1 4 9 16 25 36 49 64 81 100
```

Allgemeine Erklärung:
Die `while`-Anweisung führt die folgenden Schritte durch:

1. Setze im ersten Durchlauf der Schleife die Variable `i` auf den Wert 1 (`i=1`).
2. Prüfe vor jedem Durchlauf, ob `i` einen Wert kleiner gleich 10 hat (`i<=10`). Falls ja, führe die Schleife die beiden Anweisungen im Block aus, ansonsten bricht die Schleife ab.
3. Wiederhole den Schritt 2 so lange, bis die Bedingung nicht mehr erfüllt ist.

In den folgenden Beispielen geben wir einige Anwendungen für Bedingungsschleifen an.

Beispiel 4.5.

1. Solange wie $n > a$ ist, wird die Zahl n halbiert:

```
while n > a:
  n = n/2
```

2. Solange wie die Differenz zwischen altem und neuem Wert größer gleich a ist, wird eine Zahl n halbiert:

```
n2 = n
while(True):
  n1 = n2
  n2 = n1/2
  if n1 - n2 < a:
    break
```

Mit der break-Anweisung wird eine Schleife sofort abgebrochen.

▶ **TIPP** In Python existiert im Gegensatz zu vielen anderen Programmier-sprachen die sogenannte while-else-Schleife:

```
while Bedingung:
  # Anweisungen 1
else:
  # Anweisungen 2
```

Der Codeblock in der else-Anweisung wird genau einmal ausgeführt, nämlich dann, wenn die Bedingung das erste Mal False ergibt. Wenn die Schleife durch eine break-Anweisung vorzeitig abgebrochen wur-de, wird der else-Zweig nicht ausgeführt.

▶ **ACHTUNG** Beim Programmieren mit Schleifen treten häufig die folgen-den Fehler auf:

1. **Endlosschleife:**

```
while Bedingung:
  # Anweisungen
```

Logikfehler: Eine Endlosschleife tritt dann auf, wenn der Wert von Bedingung niemals den Wert False annimmt. Dieser Fall tritt auf, wenn Sie den Wert von Bedingung im Block nicht ändern bzw. diesen in die falsche Richtung abändern. Falls Sie durch einen Programmierfehler eine Endlosschleife erhalten, brechen Sie diese in Anaconda durch Drücken des roten Knopfes über der Konsole ab.

2. **Fehlender Doppelpunkt nach Bedingung:**

```
while Bedingung
  # Anweisungen
```

Syntaxfehler SyntaxError: invalid syntax: Setzen Sie den Doppelpunkt hinter die for- bzw. while-Schleife.

Sprunganweisung

Für Kontrollstrukturen existieren zwei Sprunganweisungen, um Schleifen zu beenden oder Anweisungen zu überspringen. Mit der break-Anweisung wird eine while- und for-Schleife abgebrochen. Hierbei wird immer die aktuelle Schleife, bei mehreren verschachtelten Schleifen die innerste, verlassen.

Beispiel 4.6. Wir brechen die innere for-Schleife ab, wenn die Summe der Schleifenindizes i und j größer als 5 ist:

```
for i in range(1,6,1):
    for j in range(1,11,1):
        if i+j <= 5:
            print("(" + str(i) + ", " + str(i) + ")")
        else:
            break
```

Ausgabe:

```
(1, 1), (1, 2), (1, 3), (1, 4), (2, 1), (2, 2), (2, 3),
(3, 1), (3, 2), (4, 1)
```

Übung 4.1. Erweitern Sie das obige Programmfragment um einen dritten Parameter k, sodass alle Tripel von Zahlen zwischen 0 und 10 ausgegeben werden, deren Summe genau 10 entspricht.

Die continue-Anweisung ist wie die break-Anweisung eine Sprunganweisung. Im Gegensatz zu break wird die Schleife nicht verlassen, sondern der Rest der Anweisungsfolge im Block übersprungen. Die continue-Anweisung können Sie in einer while- und for-Schleife anwenden. In einer while-Schleife springt continue direkt zum Bedingungstest der Schleife.

▶   ACHTUNG Setzen Sie die beiden Sprunganweisungen break und
     continue sehr sparsam ein, da ansonsten das Programm schnell un-
     übersichtlich wird.

Die Beispiele

Beispiel 4.7 (Ausgabe einer Wertetabelle). Wir erstellen für das Programm aus dem letzten Kapitel zum Berechnen einer Wertetabelle für alle ganzzahligen Werte von t zwischen $u = 0$ und $o = 20$ die folgende Funktion:

$$v = \begin{cases} 100, & t < 0 \\ 100 - 5t, & 0 \le t < 20 \\ 0, & \text{sonst.} \end{cases}$$

Mit diesen Angaben schreiben wir das folgende Programm:

```
 1 # ----------- Eingabe -----------
 2 # --- 1. Untere Grenze
 3 u = 0
 4 # --- 2. Obere Grenze
 5 o = 20
 6
 7 # -------------------------------
 8 for t in range(u, o+1, 1):
 9     if t < 0:
10         v = 100
11     elif (t >= 0) and (t < 20):
12         v = 100 - 5*t
13     else:
14         v = 0
15     print("(" + str(t) + ", " + str(v) + ")")
```

Ausgabe:

```
(0, 100)
(1, 95)
(2, 90)
...
(18, 10)
(19, 5)
(20, 0)
```

Allgemeine Erklärung:

*   Zeile 2–5: Definition der unteren und oberen Grenzen der Wertetabelle für die angegebene Funktion.
*   Zeile 8–15: Berechnen des Ausgabewertes mit Hilfe der `if`-Anweisung über eine `for`-Schleife zwischen den angegebenen Intervallgrenzen. In jedem Schleifendurchlauf wird das zugehörige Wertepaar ausgegeben.

Beispiel 4.8 (Würfelspiel). Wir erstellen ein Programm für ein Würfelspiel von zwei Spielern. Jeder Spieler würfelt eine Zahl zwischen 1 und 6. Der Spieler mit dem höchsten Wert bekommt einen Punkt. Dieses Spiel wird solange gespielt, bis ein Spieler 10 Punkte hat.

```
1  import random
2
3  # 1. Initialisieren der Variablen
4  spieler1 = 0
5  spieler2 = 0
6  n = 1
7
8  while(True):
9      # 2. Bestimmen der Augenzahlen des Würfels
10     wurf1 = random.randint(1,6)
11     wurf2 = random.randint(1,6)
12     print("Spiel " + str(n) + ": Spieler 1: " + str(wurf1) + "; Spieler 2: "
13         + str(wurf2))
14     # 3. Vergabe der Punkte an Spieler
15     if wurf1 > wurf2:
16         spieler1 = spieler1 + 1
17     elif wurf1 < wurf2:
18         spieler2 = spieler2 + 1
19     n = n + 1
20     if (spieler1 >= 10) or (spieler2 >= 10):
21         break
22
23 # 4. Ausgabe
24 if spieler1 > spieler2:
25     print("Sieger ist Spieler 1 nach " + str(n) + " Würfen.")
26 else:
27     print("Sieger ist Spieler 2 nach " + str(n) + " Würfen.")
```

Ausgabe:

```
Spiel 1: Spieler 1: 1; Spieler 2: 3
Spiel 2: Spieler 1: 2; Spieler 2: 5
Spiel 3: Spieler 1: 1; Spieler 2: 4
...
Spiel 17: Spieler 1: 4; Spieler 2: 5
Spiel 18: Spieler 1: 2; Spieler 2: 3
Sieger ist Spieler 2 nach 18 Würfen.
```

Allgemeine Erklärung:

- Zeile 4–6: Initialisieren der notwendigen Variablen für das Würfelergebnis, den Spielstand und die Anzahl der Spiele.
- Zeile 8–21: Bestimmen einer Zufallszahl zwischen 1 und 6 von jedem Spieler. Der Spieler mit dem höchsten Wert bekommt einen Punkt. Die Schleife wird solange wiederholt, bis ein Spieler 10 Punkte hat.
- Zeile 24–27: Ausgabe des Siegers und der Anzahl der Spiele.

Beispiel 4.9 (Bestimmen der Tage eines Monats). Wir erweitern Sie das im letzten Kapitel vorgestellte Programm Kalender zum Bestimmen der Anzahl der Tage eines Monats. In diesem Fall soll das Programm solange ausgeführt werden, bis wir eine ganze Zahl eingeben, die kein Monat ist. Damit ersparen wir uns das mehrmalige Starten von Programmen.

```
1 while True:
2
3      # 1. Engabe des Monats
4      print("Wie lautet der Monat?")
5      monat = int(input())
6
7      # 2 Bestimmen der Tageszahl
8      if (monat == 1) or (monat == 3) or (monat == 5) or (monat == 7) or \
9          (monat == 10) or (monat == 12):
10         tage = 31
11     elif (monat == 4) or (monat == 6) or (monat == 9) or (monat == 11):
12         tage = 30
13     elif monat == 2:
14         tage = 28
15     else:
16         tage = 0
17
18     # 3. Ausgabe
19     if (tage != 0):
20         print("Der", monat, "-te Monat im Jahr hat", tage, "Tage.")
21
22     # 4. Abbruchbedingung
23     if not ((monat >= 1) and (monat <=12)):
24         break
```

Ausgabe:

```
Wie lautet der Monat?
3
Der 3-te Monat hat 31 Tage.
Wie lautet der Monat?
11
Der 11-te Monat hat 30 Tage.
Wie lautet der Monat?
0
```

Allgemeine Erklärung:

- Zeile 4–5: Einlesen des Monats über die Konsole als int-Wert in jedem Schleifendurchlauf.
- Zeile 8–16: Bestimmen der Anzahl der Tage mit Hilfe der elif-Anweisung.
- Zeile 19–20: Ausgabe der Anzahl der Tage über eine formatierte Ausgabe.
- Zeile 23–24 Abbruch der Schleife, wenn die Monatszahl nicht zwischen 1 und 12 liegt.

Die Zusammenfassung

1. Die `for`- und `while`-Schleifen sind Kontrollstrukturen:
   - `for`-Schleife: Beschränkte Iterationen „Führe A genau N-mal aus".
   - `while`-Schleife: Bedingte Iterationen „Wiederhole A solange, bis Q gilt".
2. Falls die Anzahl der Schleifenwiederholungen vor Eintritt in die Schleife bekannt ist, ist die `for`-Zählschleife zu empfehlen.
3. Die `while`-Schleife ist eine abweisende Bedingungsschleife, die solange ausgeführt wird, wie die angegebene Bedingung wahr ist.
4. Eine Schleife wird durch die Anweisung `break` sofort beendet und durch `continue` wird zum nächsten Schleifendurchgang gesprungen.
5. Jede Kontrollstruktur kann weitere (Unter-)Kontrollstrukturen enthalten, die sich nicht überschneiden dürfen.

Die Übungen

Aufgabe 4.1 (Würfelspiel). Schreiben Sie für das angegebene Würfelspiel die folgenden Varianten:

(a) Der Sieger des Spieles ist der Spieler, der nach 10 Durchläufen die höchste Augenzahl hat.
(b) Der Sieger des Spieles ist der Spieler, der zuerst die Gesamtsumme von 100 Augenzahlen besitzt.
(c) Der Sieger des Spieles ist der Spieler, der zuerst dreimal hintereinander die gleiche Zahl würfelt.
(d) Der Sieger des Spieles ist der Spieler, der zuerst eine Sechs würfelt.

Aufgabe 4.2 (Mustererzeugung). Schreiben Sie ein Programm, das mit Hilfe von `for`-Schleifen das folgende Muster erzeugt:

```
*
* *
* * *
* * * *
* * * * *
* * * *
* * *
* *
*
```

Die maximale Anzahl von Sternen in einer Zeile soll durch eine Konstante in Ihrem Programm vorab festgelegt werden.

Aufgabe 4.3 (Menü). Schreiben Sie ein Programm Menue zum Erstellen eines Benutzerdialogs. Implementieren Sie das folgende Auswahlmenü:

```
==========================================================
Bitte wählen Sie eine Option:
1 Funktion 1
2 Funktion 2
3 Funktion 3
4 Programm beenden
```

Das Programm soll solange ausgeführt werden, bis der Nutzer die Zahl 4 eingibt. Bei Auswahl einer Zahl zwischen 1 und 3 soll auf dem Bildschirm nur der angegebene Text ausgegeben werden.

Aufgabe 4.4 (Zeichenkette). Schreiben Sie ein Programm Zeichenkette, bei dem zu einem eingegebenen Wort die Anzahl der Zeichen und die Anzahl der Buchstaben ausgegeben wird. Erweitern Sie das Programm so, dass Sie neben dem Wort zusätzlich ein einzelnes Zeichen eingeben. Geben Sie dann die Anzahl dieser Zeichen in dem eingegebenen Wort aus.

```
Zeichenkette: Abbcc123
Zeichenkette: b
Anzahl der Zeichen: 8
Anzahl der Buchstaben: 5
Anzahl der Zeichen b: 2
```

Aufgabe 4.5 (Menü mit Funktionsaufruf). Verwenden Sie das erstellte Menü aus Aufgabe 4.3, um die einzelnen Funktionen vom Nutzer auswählbar zu machen.

Wie strukturiere ich meinen Code? Funktionen

Unsere bisherigen Programme bestanden nur aus einzelnen Codezeilen. In diesem Kapitel definieren wir innerhalb unseres Programms einzelne Funktionen. Eine Funktion hat die Aufgabe, einen Teil eines Programms unter einem eigenen Namen zusammenzufassen. Mit dem Funktionsnamen und passenden Übergabeparametern rufen wir diesen separaten Programmteil auf. Die Funktionen erzeugen aus den übergebenen Eingabedaten die zugehörigen Ausgabedaten. Diese Ausgabedaten liefern eine Funktion an das Hauptprogramm zurück.

Mit dem Konzept der Funktionen vermeiden wir große und unstrukturierte Programme. Das Unterteilen von Programmen in Funktionen hat viele Vorteile: Der Code ist besser strukturiert, übersichtlicher und damit verständlicher. Mit dem Aufbau von universellen Programmbibliotheken sind einzelne Programmfragmente wiederverwendbar.

Unsere Lernziele

* Modularisierung durch Funktionen verstehen.
* Aufbau von Funktionen in Python umsetzen.
* Selbstdefinierte Funktionen mit Programmfunktionalitäten erstellen.

Das Konzept

Das Prinzip einer Funktion können Sie sich anhand einer Firma mit verschiedenen Abteilungen vorstellen: Jede Abteilung entspricht einer Funktion, die für das Abarbeiten einer Aufgabe zuständig ist. Der Chef der Firma ist die Hauptfunktion, welche die einzelnen Abteilungen mit konkreten Aufgaben versorgt. Für das Erledigen der Aufgaben bekommen die Funktionen gewisse Übergabeparameter geliefert. Aus den Werten der Parameter erstellt die Funktion ein Ergebnis in Form eines Rückgabewertes, der an die Hauptfunktion zurückgegeben wird. So wie einzelne

© Springer Fachmedien Wiesbaden GmbH, ein Teil von Springer Nature 2020
S. Dörn, *Python lernen in abgeschlossenen Lerneinheiten*,
https://doi.org/10.1007/978-3-658-28976-8_5

Abteilungen andere Abteilungen um Hilfe bitten, können auch Funktionen andere Funktionen aufrufen. Auf diesem Weg lässt sich eine große Aufgabenstellung sauber in viele kleinere Aufgaben unterteilen.

Einführendes Beispiel

Wir betrachten das folgende Beispielprogramm zum Berechnen der Summe aller natürlichen Zahlen von n_1 bis n_2:

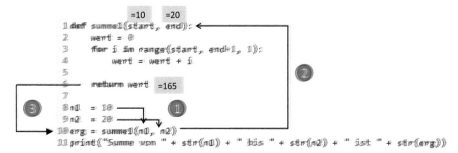

Im Programmtext definieren wir zwei Zahlen n1 und n2 (Nr.1). Die Werte dieser beiden Parameter übergeben wir der Funktion summe1(). Die Funktion summe1() besitzt die beiden Übergabeparameter start und end, die in diesem Fall den Wert 10 und 20 haben (Nr.2). Anschließend wird der Programmtext im Funktionsrumpf im eingerückten Bereich ausgeführt. Das Ergebnis dieser Rechnung ist die Variable wert (hier 165) (Nr.3). Mit der Anweisung return wert wird dieses Ergebnis an den Aufruf zurückgegeben.

Ausgabe:

```
Summe von 10 bis 20 ist 165
```

Allgemeine Erklärung:

- Zeile 1–4: Definition der Funktion summe1(start, end) für das Berechnen der Summe aller ganzen Zahlen zwischen start und end
- Zeile 6: Die Variable nach der return-Anweisung beinhaltet den Rückgabewert der Funktion.
- Zeile 8–9: Definition der beiden ganzzahligen Variablen n1 und n2.
- Zeile 10: Aufruf der Funktion summe1() mit den beiden Übergabeparametern n_1 und n_2, die den Wert 10 und 20 besitzen. Damit bekommen die Parameter start und end der Funktion summe1 die Werte 10 und 20.
- Zeile 11: Ausgabe des Ergebnisses mit dem Ausgabebefehl print().

Eine Funktion besteht in Python aus dem Schlüsselwort def, einem Funktionsnamen, der Parameterliste, einem Doppelpunkt und einem eingerückten Codeblock in der nächsten Zeile. Beachten Sie, dass die beiden lokalen Variablen `wert` und `i` nur innerhalb der Funktion `summe1()` existieren. Außerhalb dieser Funktion können Sie auf diese Variablen nicht zugreifen.

Die Parameter einer Funktion spezifizieren wir durch folgende zwei Begriffe:

- **Formale Parameter:** Variablen in der Parameterliste der Funktion.
- **Aktuelle Parameter:** Werte der formalen Parameter beim Aufruf der Funktion.

In der Funktion `summe1()` sind die formalen Parameter `start` und `end` mit den aktuellen Parametern 10 und 20 belegt. Die Summe aller Zahlen zwischen 1 und n ist mit der Formel $\frac{n(n+1)}{2}$ ohne Schleife bestimmbar. Wir schreiben dazu eine neue Funktion `summe2()`:

```
def summe2(a, b):
    return b*(b+1)/2 - (a-1)*a/2
```

In der Funktion `summe2()` sind die formalen Parameter `a` und `b`. Alle anderen Parameter in `main()` bzw. `summe1()` existieren in `summe2()` nicht. Sie bekommen einen Syntaxfehler, wenn Sie auf diese Variablen zugreifen wollen.

```
 1 def summe1(start, end):
 2     wert = 0
 3     for i in range(start, end+1, 1):
 4         wert = wert + i
 5
 6     return wert
 7
 8 def summe2(a, b):
 9     return b*(b+1)/2 - (a-1)*a/2
10
11 def main():
12     n1  = 10
13     n2  = 20
14     erg = summe1(n1, n2)
15     print("Summe von " + str(n1) + " bis " + str(n2) + " ist " + str(erg))
16     print("Summe von " + str(n1) + " bis " + str(n2) + " ist " + str(summe2(n1, n2)))
```

Der Aufruf einer Funktion erfolgt durch Eintippen des Funktionsnamen (hier `main()`) mit den notwendigen Übergabeparametern auf der Konsole oder durch Ergänzen des Aufrufs am Ende des Programmtextes.

Ausgabe:

```
Summe von 10 bis 20 ist 165
Summe von 10 bis 20 ist 165
```

Aufbau von Funktionen

Bei der Definition einer Funktion unterscheiden wir zwei Teile: den Funktionskopf und den Funktionsrumpf.

- **Funktionskopf:** Der Funktionskopf (Signatur) besteht aus dem Schlüsselwort `def`, einem Funktionsnamen, der Parameterliste und einem Doppelpunkt:

```
def funktionsname(parameterliste):
  # Anweisungen
```

Die einzelnen Begriffe sind wie folgt erklärt:

1. Funktionsname: Der Name ist unter Einhaltung der Bezeichnerregeln frei wählbar, und sollte nach Konvention mit einem Kleinbuchstaben beginnen.
2. Parameterliste: Formale Parameter der Funktion, denen beim Aufruf die aktuellen Parameter übergeben werden.
- **Funktionsrumpf:** Der Funktionsrumpf steht in einem eingerückten Codeblock in der nächsten Zeile und enthält die lokalen Definitionen von Variablen und Anweisungen der Funkion.
- **Aufruf der Funktion:** Die Funktion wird mit dem Namen und den Werten der aktuellen Parametern aufgerufen:

```
wert = funktionsname(wert1, wert2, ... )
```

▶ ACHTUNG Benennen Sie Funktionen mit prägnanten und unterscheidbaren Verben oder Verben plus Substantiven, z. B. `schreibeDaten()`, `getVolumen()`, `pruefeFaktor()`, `istGerade()`. Vergessen Sie nicht den Doppelpunkt und das Einrücken des Programmtextes, ansonsten erhalten Sie einen Syntaxfehler.

Beim Verwenden von Funktionen sind die folgenden Regeln zu beachten:

1. Besitzt eine Funktion keinen Übergabeparameter, so wird an den Funktionsnamen ein Paar runde Klammern angehängt: `funktionsname()`
2. Beim Aufruf einer Funktion mit Parametern finden Zuweisungen statt. Ein formaler Parameter wird als lokale Variable angelegt und mit dem Wert des entsprechenden aktuellen Parameters initialisiert:

```
parameter = wert
```

3. Die optionale Anweisung `return` gibt den Wert hinter diesem Schlüsselwort an den Aufrufer der Funktion zurück. Das Programm kehrt dann zum Funktionsaufruf zurück und arbeitet anschließend die nächste Anweisung ab.
4. In einer Funktion dürfen mehrere `return`-Anweisungen existieren, solange die Eindeutigkeit des Rückgabewertes gewährleistet ist.
5. Funktionsaufrufe können in Programmen folgendermaßen auftreten:
   - isoliert: z. B. `ausgabeAbstand(x1, y1, x2, y2)`
   - in einer Zuweisung: z. B. `d = abstand(x1, y1, x2, y2)`
   - in einem Ausdruck: z. B. `if abstand(x1, y1, x2, y2) <= 1: ...`

6. In einem Programm sind beliebig viele Funktionen hintereinander definierbar. Jede Funktion ist von jeder anderen Funktion aufrufbar.

▶ **TIPP** Mit Hilfe von Listen können Sie eine beliebige Menge von Parametern durch eine Funktion zurückgeben. Sie speichern hierzu alle diese Werte in einer gemeinsamen Liste:

```
def methode(...):
    # Berechnung der Variablen a, b, c
    feld = [a, b, c]
    return feld
```

▶ **ACHTUNG** Beachten Sie die folgenden wichtigen Hinweise zu Funktionen:

- Die Funktion ist erst nach dem Compilieren des Programms von der Konsole aufrufbar.
- Die Reihenfolge der Übergabeparameter muss mit der Parameterliste übereinstimmen.
- Eine Funktion darf nur genau einen Wert eines beliebigen Datentyps zurückliefern.
- Für einen unbekannten Rückgabewert ist der Wert None (Nicht-Wert) verwendbar.

Funktionen aus anderen Python-Programmen sind mit der import-Anweisung mit dem zugehörigen Dateinamen als lokale Module einzubinden:

```
import meinmodul
```

Die einzelnen Funktionen sind dann durch den Modulnamen, gefolgt vom Punktoperator und dem Funktionsnamen, aufrufbar. Der Interpreter sucht dabei immer zuerst im lokalen Programmordner nach der Datei, erst dann in den globalen Modulen. Wenn Sie einen separaten Ordner mit Python-Modulen anlegen wollen, müssen Sie den zugehörigen Dateipfad in den Suchpfad von Python eintragen:

```
import sys
sys.path.append(dateipath)
```

Empfehlenswert ist es diese Anweisung standardmäßig als erste Anweisungen in den jeweiligen Programmen hinzuschreiben, da die Dateipfade nur innerhalb einer Python-Sitzung gespeichert bleiben. Alle gesetzten Pfade können Sie sich wie folgt anzeigen lassen:

```
print(sys.path)
```

Wir geben einige Beispiele von Funktionen mit jeweils einem Beispielaufruf an.

Beispiel 5.1. 1. Ausgabe einer Zeichenkette:

```
def ausgabeString(s):
    print("Der Name lautet ", str(s))
```

Aufruf:

```
ausgabeString("Anton")
```

Ausgabe:

```
Der Name lautet Anton.
```

2. Berechnen des Flächeninhaltes eines Rechteckes:

```
def flaecheRechteck(a, b):
    return a * b
```

Aufruf:

```
print("Flaeche: ", str(flaecheRechteck(10.3, 4.4)))
```

Ausgabe:

```
Flaeche: 45,32
```

3. Bestimmen des Kapitals nach einer n-jährigen Verzinsung mit Zinssatz p:

```
def getKapital(kapital, p, n):
    kn = kapital * math.pow(1 + p/100, n)
    return kn
```

Aufruf:

```
print("Kapital: ", str(getKapital(1000.0, 3.0, 10)),
                                        " Euro")
```

Ausgabe:

```
Kapital: 1343,92 Euro
```

4. Prüfen, ob eine Zahl gerade ist:

```
def istGerade(zahl):
   if zahl % 2 == 0:
     return True
   else:
     return False
```

Aufruf:

```
print(istGerade(13))
print(istGerade(10))
```

Ausgabe:

```
False
True
```

▶ **ACHTUNG** Vermeiden Sie unbedingt beim Programmieren das Kopieren und Duplizieren von Codezeilen. Unterteilen Sie sich wiederholende Teilaufgaben in passende Hilfsfunktionen mit geeigneten Übergabeparametern. Das Hauptprogramm sollte so weit wie möglich nur die einzelnen Unterprogramme aufrufen.

▶ **ACHTUNG** Die wichtigste Aufgabe beim Programmieren besteht darin, Aufgaben in kleine Teilaufgaben zu zerlegen. Große Probleme werden solange in kleinere zerlegt, bis sie einfach zu verstehen und zu lösen sind. Beim Zerlegen eines Programms sollten Sie sich Gedanken zum Formulieren der einzelnen Teile machen. Schreiben Sie für jede dieser einzelnen Aufgaben eine Funktion. Der Vorteil ist, dass Sie diese Teilprogramme separat programmieren und testen können. Insbesondere mit Teamarbeit sparen Sie dabei sehr viel Entwicklungszeit. Sie erhalten keinen guten Code, wenn Sie Unmengen von Anweisungen aneinander reihen.

Funktionsparameter

In Python sind Methoden mit optionalen Parameter definierbar. Optionale Parameter sind dazu am Ende der Parameterliste mit einem initialisierten Default-Wert anzugeben:

```
def summe(a, b, c=0, d=0):
   return a + b + c + d
```

Der Aufruf der Funktion summe() ist dann mit zwei, drei oder vier Parametern möglich:

```
>>> summe(1,2)
3
>>> summe(1,2,3)
6
>>> summe(1,2,3,4)
10
```

Eine beliebige Anzahl von Parametern wird durch einen Parameter mit einem Stern vor dem Namen gekennzeichnet. In diesem Fall darf nur ein einziger *-Parameter am Ende der Parameterliste der Funktion vorkommen. Die übergebenen Werte werden dabei als Tupel abgespeichert:

```
def summe(a, *b):
    return a + sum(b)
```

Der Aufruf der Funktion summe() ist dann mit zwei, drei, vier, fünf, usw. vielen Parametern möglich:

```
>>> summe(1,2)
3
>>> summe(1,2,3)
6
>>> summe(1,2,3,4)
10
>>> summe(1,2,3,4,5)
15
```

Call by value und call by reference

Bei der Übergabe von Feldelementen an Funktionen müssen Sie einen wesentlichen Punkt beachten: Falls Sie Feldelemente in der Funktion verändern, wirkt sich diese Änderung auch auf das entsprechende Feld im rufenden Programm aus. Die Werte der aktuellen Parameter werden dabei als Verweise bzw. Referenzen auf die aktuellen Parameter übergeben. Damit bekommt die Funktion nicht die Werte selbst übergeben, sondern nur einen Verweis auf den zugehörigen Speicher. Modifiziert die Funktion den referenzierten Wert durch eine neue Wertzuweisung, so wirkt sich diese Änderung auch auf die aktuellen Parameter aus.

Dieses Prinzip der Parameterübergabe heißt *call by reference*. Auf diesem Weg wird das Kopieren von Arrays vermieden, da diese Aufgabe bei riesigen Arrays viel Zeit kostet. Bei Variablen mit primitiven Datentypen erfolgt die Übergabe mit *call by value* durch das Kopieren der aktuellen Parameter. Eventuelle Änderungen der formalen Parameter betreffen nur diese Kopien, nicht die Orginale.

Beispiel 5.2. Im folgenden Programm demonstrieren wir das Prinzip des call by reference:

```
 1 def methode(a, id):
 2     a[id] = -1
 3
 4 def main():
 5     feld = [1,2,3,4,5]
 6     print(feld)
 7     methode(feld, 0)
 8     print(feld)
 9     methode(feld, 3)
10     print(feld)
11
12 main()
```

Der Funktion methode() wird ein Verweis des Arrays a übergeben. Damit wirken sich alle Änderungen in der Funktion methode() auf das ursprüngliche Array feld aus.

Ausgabe:

```
[1, 2, 3, 4, 5]
[-1, 2, 3, 4, 5]
[-1, 2, 3, -1, 5]
```

Allgemeine Erklärung:

* Zeile 1–2: Die Funktion methode() setzt den Wert des Übergabearrays a an der Stelle id auf −1.
* Zeile 4–10: Das Verändern der Werte des Arrays feld erfolgt mit der Funktion methode(). Nach jeder Änderung wird der Inhalt des Feldes ausgegeben.

Die Beispiele

Beispiel 5.3 (Definition eines Funktionswertes). Wir schreiben für die bereits vorgestellte mathematische Funktion eine passende Funktion:

$$v = \begin{cases} 100, & t < 0 \\ 100 - 5t, & 0 \le t < 20 \\ 0, & \text{sonst.} \end{cases}$$

Damit können wir an verschiedenen Stellen in unserem Programm auf diese Funktion zurückgreifen, ohne sie explizit neu hinzuschreiben.

```
1 def temp(t):
2     if t < 0:
3         w = 100
4     elif (t >= 0) and (t < 20):
5         w = 100 - 5*t
6     else:
7         w = 0
8     return w
9
10 def main():
11     liste = [-1, 0, 10, 25]
12     for i in liste:
13         print(temp(i))
14
15 main()
```

Ausgabe:

```
100
100
50
0
```

Allgemeine Erklärung:

- Zeile 1–8: Definition der Funktion temp() mit dem Übergabeparameter t vom Rückgabetyp double.
- Zeile 10–13: Aufruf der Funktion temp() mit unterschiedlichen aktuellen Parametern.

Beispiel 5.4 (Vertauschen zweier Werte). Wir schreiben eine Funktion zum Vertauschen zweier Werte in einem Array durch vorgegebene Positionen i und j.

```
1 def vertauschen(a, i, j):
2     h    = a[i]
3     a[i] = a[j]
4     a[j] = h
5
6 def main():
7     a = [1, 2, 3, 4, 5, 6, 7]
8     vertauschen(a, 1, 4)
9     print(a)
10
11 main()
```

Ausgabe:

```
[1, 5, 3, 4, 2, 6, 7]
```

Allgemeine Erklärung:

- Zeile 1: Die Funktion vertauschen() bekommt als Übergabeparameter das Array a und die zwei Indizes i und j für die zu vertauschenden Positionen.
- Zeile 2–4: Das Vertauschen erfolgt mit einer Hilfsvariablen durch einen Zyklus: $h \rightarrow a[i] \rightarrow a[j] \rightarrow h$. Es ist kein return vorhanden, da das Array nicht kopiert, sondern durch call by reference modifiziert wird.

Beispiel 5.5 (Umwandeln von Zeichenketten in Zahlenfolgen). Wir erstellen ein Programm, das Zeichenketten in Zahlen umwandelt. Der Buchstabe A ist die 1, B ist die 2, C ist die 3 usw. Z ist die 26. Die Groß- bzw. Kleinschreibung soll dabei keine Rolle spielen. Die einzelnen Schritte sind in sinnvolle Funktionen zu unterteilen.

```
 1 def zeichenkette2Zahl(name):
 2     a = []
 3     name = name.upper()
 4     for i in range(0, len(name)):
 5         a.append(zeichen2Zahl(name[i]))
 6     return a
 7
 8 def zeichen2Zahl(c):
 9     return ord(c) - 64
10
11 def main():
12     # ------------ Eingabe ------------
13     name    = "Schmidt"
14     vorname = "Anton"
15
16     # ------------ Ausgabe ------------
17     print(name)
18     print(zeichenkette2Zahl(name))
19     print(vorname)
20     print(zeichenkette2Zahl(vorname))
21
22 main()
```

Ausgabe:

```
Schmidt
[19, 3, 8, 13, 9, 4, 20]
Anton
[1, 14, 20, 15, 14]
```

Allgemeine Erklärung:

- Zeile 1–6: Die Funktion zeichenkette2Zahl() wandelt eine übergebene Zeichenkette zunächst in Großbuchstaben und in die zugehörige Codierung aus ganzen Zahlen um. Das Ergebnis wird in einem String gespeichert und mit `return` an den Aufrufer zurückgeliefert.

- Zeile 8–9: Die Funktion `zeichen2Zahl()` wandelt mit der Funktion `ord()` ein Zeichen in die zugehörige ganze Zahl um. Dazu wird die Darstellung des Zeichens im ASCII-Format[1] um den Wert 64 verringert.
- Zeile 11–20: Die `main()`-Funktion ruft die Funktion `zeichenkette2Zahl()` für alle Zeichenketten auf.

Die Zusammenfassung

1. Eine zentrale Gliederungsstruktur von Funktionen ist das Trennen von Eingabe, Algorithmus und Ausgabe. Diese grundlegenden Aufgaben sind stets durch Funktionen voneinander zu trennen.
2. Funktionen werden in Python mit dem Schlüsselwort `def` eingeleitet:

```
def funktionsname(parameterliste):
    # Anweisungen
```

Die Funktionsdefinition besteht aus dem Schlüsselwort `def`, einem Funktionsnamen, der Parameterliste, einem Doppelpunkt und einem eingerückten Codeblock in der nächsten Zeile.
3. In der allgemeinen Konvention werden Klassennamen stets groß und Funktionsnamen kleingeschrieben.
4. Eine *lokale Variable* ist eine Variable innerhalb einer Funktion oder innerhalb eines Blocks. Lokale Variablen sind nur innerhalb eines Blocks definiert.
5. Das Unterteilen von Programmcode in Funktionen hat viele Vorteile:
   - Programmtext ist strukturierter, übersichtlicher und kürzer.
   - Mehrfachverwenden von Programmfragmenten mit verschiedenen Parametern.
   - „Top-Down"-Entwurf durch schrittweises Verfeinern vom Grob- zum Feinentwurf.
   - Aufbau von universellen Programmbibliotheken durch Modularisieren.
   - Entwickeln von großen Projekten in Teamarbeit.
   - Bessere Austauschbarkeit von Funktionsinhalten.

Alle wiederholenden Anweisungen sind durch die Definition von Funktionen unbedingt zu vermeiden.

---

[1] Amerikanischer Standard-Code für den Informationsaustausch.

Die Übungen

Aufgabe 5.1 (Einfache Funktionen). Schreiben Sie eine Funktion für die folgenden Aufgaben:

(a) Berechnen des Mittelwertes dreier ganzer Zahlen.
(b) Bestimmen der Anzahl der Tage im Monat Februar.
(c) Ausgabe des i-ten Zeichens einer Zeichenkette genau n-Mal.
(d) Berechnen des Funktionswertes von $\sqrt{x+y}$.

Aufgabe 5.2 (Definition von Funktionen). Schreiben Sie für einige der bisher erstellten Programme aus den Beispielen und Übungsaufgaben der vorherigen Kapiteln eine zugehörige Funktion.

Aufgabe 5.3 (Kreisberechnung). Schreiben Sie ein Programm mit den folgenden Funktionen:

- `umfangKreis(radius)`
  Berechnen des Umfangs eines Kreises.
- `flaecheKreis(radius)`
  Berechnen des Flächeninhalts eines Kreises.
- `umfangKreis(radius)`
  Berechnen der Summe aller Umfänge einer Menge von Kreisen.
- `flaecheKreis(radius)`
  Berechnen der Summe aller Flächeninhalte einer Menge von Kreisen.

Rufen Sie in den Funktionen für eine Menge von Kreisen die bereits implementierten Methoden für das Berechnen des Umfangs und der Fläche der einzelnen Kreise auf. Auf diesem Weg sparen Sie sich die abermalige Implementierung der benötigten Formeln. Kopieren Sie das erstellte Programm mit den Funktionen in einem neuen Ordner. Testen Sie alle Funktionen an geeigneten Testbeispielen in einem separaten Programm. Beachten Sie hierzu den Hinweis für den Suchpfad von Python.

Aufgabe 5.4 (Funktionsdarstellung). Gegeben sind die folgenden Funktionen:

$$f_1(x) = a \cdot \sin(x+b), \quad f_2(x) = a \cdot \exp(-bx).$$

(a) Schreiben Sie jeweils eine Python-Funktion für jede der angegebenen mathematischen Funktionen. Definieren Sie alle notwendigen Variablen der gegebenen Funktionen als Übergabeparameter.
(b) Schreiben Sie eine Funktion `wertetabelle()` für das Berechnen der Wertetabelle dieser mathematischen Funktionen in einem geeigneten Intervall mit einer definierbaren Schrittweite. Die Übergabeparameter dieser Funktion sind die Art der Funktion, das Intervall, die Schrittweite und die Funktionsparameter.

Wie erkenne ich Muster in Zeichenketten? Reguläre Ausdrücke

In vielen Anwendungen besteht die Aufgabe darin eine Zeichenkette oder einen Text nach gewissen Mustern zu durchsuchen. Beispiele sind Telefonnummern, E-Mail-Adressen, Postleitzahlen oder spezielle Wortmuster. Ein regulärer Ausdruck ist eine Zeichenkette auf Basis von syntaktischen Regeln, mit denen verschiedenste Arten von Textmustern beschreibbar sind. Mit regulären Ausdrücken können wir Muster in Texten finden und bei Bedarf durch andere Muster ersetzen. Beispielsweise ist es möglich, alle Wörter in einem Text herauszusuchen, die mit „Sch" beginnen und auf „en" enden. Ebenso können wir in einer Textdatei nach allen E-Mail-Adressen oder speziellen Codefragmenten suchen. Die Such- und Ersetzungsfunktionen in Textverarbeitungsprogrammen arbeiten auf der Grundlage von regulären Ausdrücken. Mit Hilfe von regulären Ausdrücken können wir in der Praxis viel Programmieraufwand einsparen.

Unsere Lernziele

- Reguläre Ausdrücke definieren und anwenden.
- Muster in Zeichenketten finden und ersetzen.
- Muster in Texten suchen und extrahieren.

Das Konzept

Reguläre Ausdrücke dienen vor allem zum Beschreiben von Mustern, wie sie bei der Zeichenkettenverarbeitung vorkommen. In den USA und Kanada werden beispielsweise Telefonnummern mit einer optionalen dreistelligen Vorwahl, gefolgt von einem Bindestrich, drei Ziffern, einem Bindestrich und vier weiteren Ziffern angegeben (z. B. 342-555-3456). Reguläre Ausdrücke stellen Textmuster dar, mit denen diese Art von Zeichenketten darstellbar sind. Beispielsweise steht der Bezeichner \d in einem regulären Ausdruck für eine Ziffer. Mit dem regulären

Ausdruck \d\d\d-\d\d\d- \d\d\d\d bzw. kürzer in der Form \d{3}-\d{3}-\d{4} ist das Muster dieser Telefonnummer beschreibbar.

Definition von regulären Ausdrücken

Reguläre Ausdrücke sind in Python im Regex-Modul `re` implementiert. Für das Nutzen sind die folgenden Schritte notwendig:

1. Erstellen eines regulären Ausdrucks r mit der Methode `re.compile()`:

```
pattern = re.compile(r);
```

2. Übergabe der zu durchsuchenden Zeichenkette s an die Funktion `search()` des Regex-Objekts:

```
id = pattern.search(s)
```

Die Methode `search` des `Regex`-Objekts durchsucht den übergebenen String nach der ersten Übereinstimmung mit dem regulären Ausdruck. Die Funktion gibt `None` zurück, wenn das Muster im String nicht vorhanden ist, andernfalls ein `Match`-Objekt.

3. Mit dem Aufruf der Methode `group` wird der Text aus dem durchsuchten String zurückgegeben.

```
string = id.group()
```

Mit Klammern innerhalb des regulären Ausdrucks sind einzelne Gruppen anlegbar, die mit der Funktion `group()` mit dem zugehörigen Index aufrufbar sind. Die beiden Funktionen `start()` bzw. `end()` liefern den Beginn und das Ende der zugehörigen Positionen des regulären Ausdrucks in der Zeichenkette zurück.

▶   **ACHTUNG** Ein Maskierungszeichen ist ein bestimmtes Zeichen – hier das Backslash-Zeichen (\) – das verhindert, dass das nachfolgende Zeichen als Funktionszeichen angesehen wird. Ein Funktionszeichen ist ein Zeichen (z. B. &, $), das nicht für sich selbst steht, sondern eine steuernde Bedeutung besitzt. Beachten Sie, dass in Zeichenketten das Backslash-Zeichen (\) durch einen doppelten Backslash (\\) zu ersetzen ist, also selbst maskiert wird. Beispielsweise wird damit die Anweisung \\(...)\\ als Klammer angesehen.

▶   **TIPP** Für eine kürzere Schreibweise ohne doppelten Backslash setzen Sie vor der zu durchsuchenden Zeichenkette s ein r'. Für das Ausschalten der Unterscheidung von Groß- und Kleinschreibweise bei regulären

Ausdrücken ist `re.I` als zweites Argument an `compile` zu übergeben. Die dreifachen Anführungszeichen (`'''`) dienen dazu, eine mehrzeilige Zeichenkette zu erstellen, um die Definition des regulären Ausdrucks übersichtlicher auf mehrere Zeilen zu verteilen, z. B.:

```
pattern = re.compile(r'''
    (\d{3})-    # Vorwahl
    (\d{3})-    # Nummer 1
    (\d{4})     # Nummer 2
''', re.VERBOSE)
```

Beispiel 6.1. Das folgende Programm sucht eine amerikanische Telefonnummer aus einer angegebenen Zeichenkette heraus:

```
1 import re
2
3 pattern = re.compile(r'(\d{3})-(\d{3})-(\d{4})')
4 id      = pattern.search('Die Telefonnummer von Bill lautet 345-555-5422.')
5 print('Die Nummer lautet: ' + id.group(0))
6 print('Die Vorwahl lautet: ' + id.group(1))
7 print('Die Rufnummer lautet: ' + id.group(2) + '-' + id.group(3))
```

```
Die Nummer lautet: 345-555-5422
Die Vorwahl lautet: 345
Die Rufnummer lautet: 555-5422
```

In regulären Ausdrücken können die folgenden Sonderzeichen auftauchen:

- Senkrechter Strich (`|`): Dieses sogenannte Pipe-Zeichen trennt mehrere verschiedene Suchausdrücke in einem regulären Ausdruck. Mit Klammern und der Pipe wird ein Präfix nur einmal angegeben, wie z. B. `Auto(bahn|mobil|verkehr)`
- Fragezeichen (`?`): Das Fragezeichen markiert eine voranstehende Gruppe `(opt)?` als optionalen Teil des Musters, d. h. der reguläre Ausdruck `opt` ist optional. Z. B. Nummern mit und ohne Vorwahl suchen: `(\\d{3}-)?\\d{3}-\\d{4}`

Mit runden Klammern innerhalb des regulären Ausdrucks können Sie einzelne Gruppen anlegen. Wenn Sie in einem Text nach Klammern suchen, müssen vor der öffnenden und schließenden Klammer zwei Backslash-Zeichen stehen.

Die folgende Übersicht zeigt weitere Möglichkeiten zum Nutzen von regulären Ausdrücken:

Operator	Erklärung
?	Null oder ein Vorkommen der vorangehenden Zeichengruppe
*	Null oder mehr Vorkommen der vorangehenden Zeichengruppe
+	Ein oder mehr Vorkommen der vorangehenden Zeichengruppe
{m}	Genau m Vorkommen der vorangehenden Zeichengruppe
{m,}	m oder mehr Vorkommen der vorangehenden Zeichengruppe
{,n}	Null bis n Vorkommen der vorangehenden Zeichengruppe
{m,n}	m bis n Vorkommen der vorangehenden Zeichengruppe
^abc	Zeichenkette muss mit abc beginnen
abc$	Zeichenkette muss mit abc enden
.	beliebiges Zeichen mit Ausnahme eines Zeilenumbruchs
\d	beliebige Ziffer
\w	beliebiges Wortzeichen – Buchstabe, Ziffer, Unterstrich
\s	beliebiges Weißraumzeichen – Leerzeichen, Tabulatur, Zeilenumbruch
\D	beliebiges Zeichen, das keine Ziffer ist
\W	beliebiges Zeichen, das kein Wortzeichen ist
\S	beliebiges Zeichen, das kein Weißraumzeichen ist
[abc]	Zeichen, das in der Klammer vorkommt
[^abc]	beliebiges Zeichen, außer denen in der Klammer
\p{Lower}, \p{Upper}	Klein-/Großbuchstabe

Beispiel 6.2. Die folgenden Beispiele demonstrieren die angegebenen Möglichkeiten für das Anwenden von regulären Ausdrücken:

```
1 import re
2
3 pattern = re.compile(r"49(0)?123(9)*")
4 id       = pattern.search("Die Zeichenkette lautet 49123999.")
5 print("Die Ausgabe lautet: " + id.group())
6
7 pattern = re.compile(r"0{1,}(123|321)")
8 id       = pattern.search("Die Zeichenkette lautet 000123..")
9 print("Die Ausgabe lautet: " + id.group())
10
11 pattern = re.compile(r"^Die")
12 id       = pattern.search("Die Zeichenkette lautet 0049..")
13 print("Die Ausgabe lautet: " + id.group())
14
15 pattern = re.compile(r"\d{3}$")
16 id       = pattern.search("Die Zeichenkette lautet 0049")
17 print("Die Ausgabe lautet: " + id.group())
18
19 pattern = re.compile(r"Vorname: (.*), Nachname: (.*)")
20 id       = pattern.search("Vorname: Sebastian, Nachname: Dörn")
21 print(id.group(1) + " " + id.group(2))
```

Ausgabe:

```
Die Ausgabe lautet: 49123999
Die Ausgabe lautet: 000123
Die Ausgabe lautet: Die
Die Ausgabe lautet: 049
Sebastian Doern
```

Suchen und Ersetzen

Die Funktion `findall()` gibt eine Liste aller Zeichenketten mit einer Übereinstimmung zurück.

Beispiel 6.3. Wir suchen alle amerikanischen Telefonnummer aus einer angegebenen Zeichenkette heraus:

```
s = "Die Nummern lauten 345-555-5422 oder 345-555-0982."
pattern = re.compile(r'(\d{3})-(\d{3})-(\d{4})')
print(pattern.findall(s))
```

Ausgabe:

```
[('345', '555', '5422'), ('345', '555', '0982')]
```

Mit regulären Ausdrücken ist es möglich mit der Funktion `sub()` einen Text durch
einen anderen Text zu ersetzen. Die Funktion `sub()` bekommt als erstes Argument
eine Zeichenkette, die jegliche gefundene Übereinstimmungen ersetzen soll, und als
zweites Argument den String des regulären Ausdrucks. Der Rückgabewert dieser
Methode ist der String mit dem ersetzten Text.

Beispiel 6.4. Wir ersetzen die englische Anrede durch die deutsche Anrede:
```
s = „Mr. Mueller und Mr. Ott arbeiten mit Mr. Vogt."
pattern = re.compile(r'Mr.')
print(pattern.sub('Herr', s))
```

Ausgabe:
```
Herr Mueller und Herr Ott arbeiten mit Herr Vogt.
```

Die Beispiele

Beispiel 6.5 (Extrahieren von Textmustern). Wir schreiben eine Methode zum Extrahieren von Textmustern aus einer Zeichenkette. Die Ergebnisse werden in einer Liste mit Elementen mit dem Muster, der Anfangs- und Endposition gespeichert.

```python
import re

# ------------ Eingabe ------------
# 1. Zeichenkette
text = "02123 12343 23123123123345"

# 2. Regulärer Ausdruck
reg = r"(123)+"

# ------------ Berechnung ----------
pattern = re.compile(reg)
liste   = [[m.start(), m.end(), m.group()] for m in pattern.finditer(text)]

# ------------ Ausgabe ------------
print(liste)
```

Ausgabe:

```
[[2, 5, '123'], [6, 9, '123'], [14, 23, '123123123']]
```

Allgemeine Erklärung:

- Zeile 5–8: Definition einer Zeichenkette `text` und einer Zeichenkette für einen regulären Ausdrucks `reg`.
- Zeile 11: Erstellen eines regulären Ausdrucks mit der Methode `re.compile()`.
- Zeile 12: Speichern der Startposition, der Endposition und des gefundenen Textmusters in einer Liste mit Hilfe einer `for`-Schleife und der Methode `finditer()`.
- Zeile 15: Ausgabe der Elemente des Arrays.

Die Zusammenfassung

1. Ein *regulärer Ausdruck* ist eine Zeichenkette auf Basis bestimmter syntaktischer Regeln, mit denen verschiedenste Arten von Textmustern beschreibbar sind.
2. Textmuster sind mit den beiden Methoden `search()` und `findall()` des Regex-Objekts zu finden.
3. Das Ersetzen von Textmustern durch andere Muster erfolgt mit der Funktion `sub()` des Regex-Objekts.

Die Übungen

Aufgabe 6.1 (Reguläre Ausdrücke definieren). Definieren Sie für die folgenden Muster einen regulären Ausdruck:

(a) Postleitzahlen (z. B. 78250, 77873)
(b) E-Mail-Adressen (z. B. max_mustermann@web.de)
(c) Deutsche Telefonnummern (z. B. 0178/9823423, 01837/983)
(d) URL-Adressen von Websites (z. B. www.sebastiandoern.de)
(e) Kreditkartennummern (z. B. 1234 5678 0000 1222)
(f) Sozialversicherungsnummern (z. B. 12 123456 L 92 3, 34 898222 K 98 3)

Der angegebene reguläre Ausdruck hat alle Beispiele für die angegebenen Muster zu beschreiben.

Aufgabe 6.2 (Extraktion von Telefonnummern und E-Mail-Adressen). Schreiben Sie eine Klasse `Zeichenkette` mit einer Methode zur Extraktion von Textmustern mit Hilfe eines regulären Ausdrucks. Speichern Sie die jeweiligen Ergebnisse in einer dynamischen Datenstruktur ab. Testen Sie diese Methode zur Extraktion von Telefonnummern und E-Mail-Adressen aus einer Zeichenkette.

Aufgabe 6.3 (Entfernen von Sozialversicherungs- oder Kreditkartennummern). Implementieren Sie eine Methode in die Klasse `Zeichenkette` zum Entfernen von Textmustern mit Hilfe eines regulären Ausdrucks. Schreiben Sie eine weitere Methode, die mehrere verschiedene Textmuster mit regulären Ausdrücken aus einer Zeichenketten entfernt. Testen Sie diese Methoden zum Entfernen von Sozialversicherungs- oder Kreditkartennummern.

Aufgabe 6.4 (Korrektur von Texten). Schreiben Sie eine Methode in die Klasse `Zeichenkette` zum Entfernen von mehreren Leer- und Satzzeichen sowie Wortwiederholungen aus einer Zeichenkette.

Wie lese ich Dateien ein? Einfache Dateiverarbeitung

7

In vielen Programmen besteht die Aufgabe darin, Daten aus externen Dateien einzulesen, weiterzuverarbeiten und in neue Dateien zu schreiben. In diesem Kapitel zeigen wir verschiedene Methodiken rund um das Lesen und Schreiben von Text-, CSV- und Excel-Dateien.

Unsere Lernziele

- Aus- und Eingabe von Textdateien verstehen.
- Aus- und Eingabe von CSV-Dateien umsetzen.
- Aus- und Eingabe von Excel-Dateien kennenlernen.

Das Konzept

Das Grundkonzept der Ein- und Ausgabe von Daten bildet in Python der Datenstrom. Darunter versteht man einen Datenfluss zwischen einem Sender und einem Empfänger. In Abhängigkeit der Arten von Sendern/Empfängern existieren verschiedene Arten von Datenströmen. Beim Programmieren denken wir immer aus Sicht des Programms, sodass der Datenfluss von der Tastatur ein Eingabestrom und der Datenfluss an den Bildschirm ein Ausgabestrom ist.

In Windows werden Pfade mit Backslashes (\) als Trennzeichen zwischen den Ordnernamen geschrieben, unter OS X und Linux mit einem normalen Schrägstrich (/). Mit der Funktion os.path.join() aus dem Modul os werden die Stringwerte der einzelnen Datei- und Ordnernamen eines Pfades übergeben, und der Dateipfad wird als String zurückgeliefert. Mit dieser Funktion können Sie einfach Strings für Dateinamen erstellen. Einen Dateipfad können Sie als absoluten Pfad definieren, der stets mit dem Stammordner beginnt oder als relativen Pfad angeben, der sich relativ zum aktuellen Arbeitsverzeichnis des Programms befindet.

© Springer Fachmedien Wiesbaden GmbH, ein Teil von Springer Nature 2020
S. Dörn, *Python lernen in abgeschlossenen Lerneinheiten*,
https://doi.org/10.1007/978-3-658-28976-8_7

Das Modul os enthält zahlreiche nützliche Funktionen zum Verwalten von Dateien durch einen angegebenen Dateipfad:

- os.getcwd(): Gibt das aktuelle Arbeitsverzeichnis zurück.
- os.chdir(path): Ändert das aktuelle Arbeitsverzeichnis.
- os.path.abspath(path): Gibt den absoluten Pfad des Arguments als String zurück.
- os.makedirs(ordner): Erstellt einen neuen Ordner.
- os.path.getsize(path): Gibt die Größe der im Argument übergebenen Datei in Byte zurück.
- os.listdir(path): Gibt eine Liste der Namenstrings aller Dateien und Ordner zurück, die sich im übergebenen Pfad befinden.
- os.path.exists(path): Gibt True zurück, wenn die Datei oder der Ordner im Argument vorhanden ist, anderenfalls False.
- os.path.isfile(path): Gibt True zurück, wenn das Pfadargument vorhanden und eine Datei ist, anderenfalls False.
- os.path.isdir (path): Gibt True zurück, wenn das Pfadargument vorhanden und ein Ordner ist, anderenfalls False.

```
 1 # Dateieigenschaften
 2 import os;
 3
 4 # 1. Erstellung von Pfadangaben
 5 pfad = os.path.join("doe", "Documents", "Programme")
 6 print(pfad)
 7
 8 myFiles = ["Index.txt", "Muster.csv"]
 9 for filename in myFiles:
10     print(os.path.join("C:\\Users\\doe\\Documents\\Eigene Dokumente" +
11                        "\\Vorlesungen\\A3_Programme\\Python", filename)))
12
13 # 2. Aktuelles Arbeitsverzeichnis
14 print("Aktuelles Verzeichnis: " + os.getcwd())
15 os.chdir("C:\\Users\\doe")
16 print("Neues Verzeichnis: " + os.getcwd())
17
18 # 3. Absoluter Pfad
19 print("Absoluter Pfad: " + os.path.abspath(""))
20 print("Verzeichnisname: " + os.path.dirname(os.path.abspath("")))
21 print("Grundname: " + os.path.basename(os.path.abspath("")))
22 print(os.path.split(os.path.abspath("")))
```

Ausgabe:

```
doe\Documents\Programme
C:\Users\doe\Documents\Eigene Dokumente\Vorlesungen\
A3_Programme\Python\Index.txt
C:\Users\doe\Documents\Eigene Dokumente\Vorlesungen\
A3_Programme\Python\Muster.csv
Aktuelles Verzeichnis: C:\Users\doe\Documents\Eigene
Dokumente\Vorlesungen\A3_Programme\Python
```

```
Neues Verzeichnis: C:\Users\doe
Absoluter Pfad: C:\Users\doe
Verzeichnisname: C:\Users
Grundname: doe
('C:\\Users', 'doe')
```

Mit dem Modul os und shutil können Dateien kopiert, verschoben, umbenannt und gelöscht werden:

- shutil.copy(quelle, ziel): Kopiert die Quelldatei quelle in den Ordner ziel. Der Rückgabewert ist ein String für den Pfad der neuen Datei.
- shutil.move(quelle, ziel): Verschieben der Quelldatei bzw. des Ordners quelle in den Pfad ziel. Der Rückgabewert ist ein String mit dem absoluten Pfad des neuen Speicherorts. Im Zielpfad kann auch ein Dateiname angegeben werden, sodass die Quelldatei umbenannt wird.
- os.unlink(path): Löscht die Datei im angegebenen Pfad.
- os.rmdir(path): Löscht den Ordner im angegebenen Pfad, wobei sich keine Dateien oder Ordner hier mehr befinden dürfen.
- os.rmtree(path): Löscht den Ordner im angegebenen Pfad mit allen darin enthaltenen Dateien und Ordnern.

Beim Löschen von Dateien ist Vorsicht geboten, da Sie im schlimmsten Fall versehentlich wichtige Dateien unwiederbringlich löschen. Die Verwendung des Moduls send2trash mit der Funktion send2trash.send2trash(path) ist sicherer, da die angegebene Datei bzw. Ordner zunächst in den Papierkorb verschoben wird.

Mit der Funktion os.walk(path) können Sie den gesamten angegebenen Verzeichnisbaum durchlaufen:

```
 1 import os
 2
 3 path = 'C:\\Users\\doe\\Documents\\Eigene Dokumente' + '\\Vorlesungen\\A3_Programme'
 4 for ordner, unterordner, dateien in os.walk(path):
 5     print('Aktueller Ordner: ' + ordner)
 6
 7     for uo in unterordner:
 8         print(' Unterordner ' + uo)
 9
10     for datei in dateien:
11         print(' Datei: ' + datei)
12 print('')
```

Ausgabe:

```
Aktueller Ordner: C:\Users\doe\Documents\Eigene
Dokumente\Vorlesungen\A3_Programme\Python\
Unterordner: Programme
Datei: Hallo.py
Datei: Test.py
...
```

Mit dem Befehl `os.system(cmd)` werden beliebige Kommandos des Betriebssystems durch die angegebene Zeichenkette ausgeführt.

Schreiben von Textdateien

Für das Schreiben einer neuen Textdatei sind die folgenden Schritte notwendig:

1. Öffnen der Datei im Pfad-String `pfad` mit der Angabe des optionalen Schreibmodus:

```
data = open(pfad, 'w')
```

Die Rückgabe ist ein File-Objekt in Form eines Dateihandles. Mit dem Argument `'w'` wird die vorhandene Datei überschrieben und mit `'a'` wird der neue Text am Ende der Datei angehängt.

2. Schreiben einer Zeile in Form einer Zeichenkette `zeile`:

```
data.write(zeile)
```

3. Schließen der Datei:

```
data.close()
```

Beispiel 7.1. Wir erstellen eine Textdatei mit dem Namen `Datei.txt` mit den Werten aus einem zweidimensionalen Array:

```
1  # Definition von Beispieldaten
2  zahlen = [[1.00, 23.00, 3.43], [-80.43, 4.30, 2.30]]
3
4  # 1. Öffnen der Datei
5  data = open("Datei.txt", 'w')
6
7  # 2. Schreiben der Datenwerte
8  for i in range(0, len(zahlen)):
9      for j in range(0, len(zahlen[0])):
10         data.write(str(zahlen[i][j]) + " ")
11     data.write("\n")
12
13 # 3. Schließen der Datei
14 data.close()
```

Ausgabe: Die Textdatei `Datei.txt` wird automatisch in dem aktuellen Projektordner erstellt.

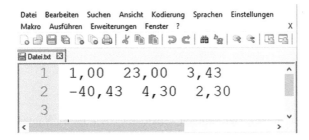

Allgemeine Erklärung:

- Zeile 2: Definition der Werte der Daten in Form einer Matrix.
- Zeile 5: Öffnen der Textdatei mit dem Namen `Datei.txt`.
- Zeile 8–11: Einfügen der Werte des Arrays in die Datei mit Hilfe zweier `for`-Schleifen. Nach jeder neuen Zeile der Matrix wird ein Zeilenumbruch eingefügt.
- Zeile 14: Schließen der Textdatei.

▶ **ACHTUNG** Alle Dateinamen ohne explizite Pfadangaben werden in der gleichen Hierarchieebene geschrieben. Falls Sie aus Unterordnern bzw. von anderen Quellen schreiben oder lesen wollen, müssen Sie die dazugehörige Pfadangabe vor den Namen schreiben. Beachten Sie des Weiteren, dass Sie Dateien mit einem Editor (z. B. Notepad) öffnen sollten, der auch Zeilenumbrüche erkennt.

Lesen von Textdateien

Für das Lesen einer Textdatei sind die folgenden Schritte notwendig:

1. Öffnen der Datei im Pfad-String `pfad` mit der Angabe des optionalen Lesemodus `r`:

```
data   = open(pfad, 'r')
```

Die Rückgabe ist ein File-Objekt in Form eines Dateihandles.

2. Einlesen des Inhaltes der Datei mit dem Dateihandle:
   - `liste = data.read()`: Liefert den gesamten Inhalt der Datei als Zeichenkette. Mit der Funktion `liste = split()` können die einzelnen Wörter in einer Liste gespeichert werden.
   - `liste = data.readlines()`: Liefert den gesamten Inhalt der Datei als Liste von Zeichenketten, sodass `liste[zeile]` die angegebene Zeile darstellt.

Die Funktion `rstrip()` entfernt Leerzeichen und Newlines vom rechten Rand einer Zeichenkette.

3. Schließen der Datei:

```
data.close()
```

Beispiel 7.2. Wir lesen den Inhalt der obigen Textdatei mit dem Namen `Datei.txt` aus:

```
 1 # 1. Öffnen der Datei
 2 data = open("Datei.txt", "r")
 3
 4 # 2. Einlesen des Inhaltes
 5 daten = []
 6 liste = data.readlines()
 7 for i in range(0, len(liste)):
 8     a = [float(x) for x in liste[i].split()]
 9     daten.append(a)
10 print(daten)
11
12 # 3. Schließen der Datei
13 data.close()
```

Ausgabe:

```
[[1.0, 23.0, 3.43], [-40.43, 4.3, 2.3]]
```

Allgemeine Erklärung:

- Zeile 2: Öffnen der Textdatei mit dem Namen `Datei.txt`.
- Zeile 6: Einlesen des gesamten Inhaltes der Datei als Liste von Zeichenketten.
- Zeile 7–9: Umwandeln jeder einzelnen Zeichenkette in eine Liste von Zeichenketten mit dem `split()`-Befehl. Konvertierung der einzelnen Zeichenketten der Liste in eine Gleitkommazahl über eine `for`-Schleife. Alle diese Zahlen werden in einer neuen Liste abgespeichert.
- Zeile 13: Schließen der Textdatei.

▶   **ACHTUNG** Beim Einlesen von Dateien treten häufig folgende Fehler auf:

1. **Dateiname falsch:**
   Laufzeitfehler `FileNotFoundError`: Der Name der Datei ist falsch geschrieben, die Groß- und Kleinschreibung wurde nicht beachtet oder die Dateiendung stimmt nicht. Überprüfen Sie die Schreibweise des Namens und der Dateiendung.

2. **Falsches Verzeichnis:**
   Laufzeitfehler `FileNotFoundException`: Die Datei liegt nicht in dem angegebenen Verzeichnis. Überprüfen Sie die Lage der Datei. Nur Dateien, die in der selben Hierarchieebene liegen, sind ohne Pfadangabe einlesbar.

Lesen von CSV-Dateien

Das Dateiformat CSV (Comma-separated values) beschreibt einen strukturellen Aufbau einer Textdatei, bei der ein Zeichen (z. B. Semikolon) zum Trennen von Datensätzen verwendet wird. CSV-Dateien sind in Tabellenkalkulationsprogrammen wie Excel anzeigbar.

Für das Lesen einer CSV-Datei sind die folgenden Schritte notwendig:

1. Importieren des CSV-Moduls:

```
import csv
```

2. Öffnen der Datei im Pfad-String `pfad`:

```
data = open(pfad, 'r')
```

Die Rückgabe ist ein File-Objekt in Form eines Dateihandles.
3. Einlesen des Inhaltes der Datei mit dem Dateihandle in ein `Reader`-Objekt mit der Angabe des zugehörigen Trennzeichens (`delimiter`):
   - `liste = list(csv.reader(data), delimiter=';')`:
     Liefert den gesamten Inhalt der Datei als Liste von Zeichenketten. Der Inhalt der CSV-Datei liegt als zweidimensionale Liste vor, auf die mit `liste[zeile][spalte]` zugreifbar ist.
   - `read = csv.reader(data, delimiter=';')`
     `for zeile in read:`

         `...`

     Liefert die einzelnen Zeilen der Datei als Zeichenkette, was insbesondere für große Dateien empfehlenswert ist.
4. Schließen der Datei:

```
data.close()
```

Beispiel 7.3. Wir lesen den Inhalt einer CSV-Datei mit dem Namen `Datei.csv` aus, die über 150 Zahlenwerte verfügt (siehe Abb. 7.1). Die einzelnen Zahlenwerte speichern wir dazu in einem Array ab.

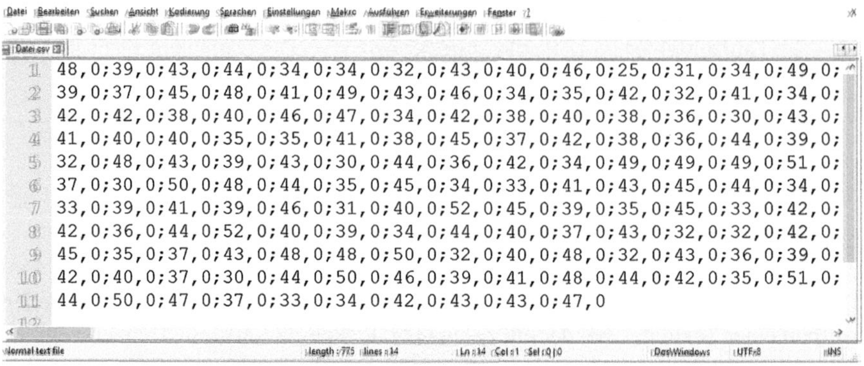

```
 1  48,0;39,0;43,0;44,0;34,0;34,0;32,0;43,0;40,0;46,0;25,0;31,0;34,0;49,0;
 2  39,0;37,0;45,0;48,0;41,0;49,0;43,0;46,0;34,0;35,0;42,0;32,0;41,0;34,0;
 3  42,0;42,0;38,0;40,0;46,0;47,0;34,0;42,0;38,0;40,0;38,0;36,0;30,0;43,0;
 4  41,0;40,0;40,0;35,0;35,0;41,0;38,0;45,0;37,0;42,0;38,0;36,0;44,0;39,0;
 5  32,0;48,0;43,0;39,0;43,0;30,0;44,0;36,0;42,0;34,0;49,0;49,0;49,0;51,0;
 6  37,0;30,0;50,0;48,0;44,0;35,0;45,0;34,0;33,0;41,0;43,0;45,0;44,0;34,0;
 7  33,0;39,0;41,0;39,0;46,0;31,0;40,0;52,0;45,0;39,0;35,0;45,0;33,0;42,0;
 8  42,0;36,0;44,0;52,0;40,0;39,0;34,0;44,0;40,0;37,0;43,0;32,0;32,0;42,0;
 9  45,0;35,0;37,0;43,0;48,0;48,0;50,0;32,0;40,0;48,0;32,0;43,0;36,0;39,0;
10  42,0;40,0;37,0;30,0;44,0;50,0;46,0;39,0;41,0;48,0;44,0;42,0;35,0;51,0;
11  44,0;50,0;47,0;37,0;33,0;34,0;42,0;43,0;43,0;47,0
```

Abb. 7.1 Inhalt einer CSV-Datei, geöffnet in einem Texteditor

```
 1  import csv
 2
 3  # 1. Öffnen der Datei
 4  data = open("Datei.csv", "r")
 5
 6  # 2. Einlesen des Inhaltes
 7  daten = []
 8  read = csv.reader(data, delimiter = ";")
 9  for zeile in read:
10      a = [[float(x.replace(",", "."))] for x in zeile]
11      daten.append(a)
12
13  # 3. Schließen der Datei
14  data.close()
```

Allgemeine Erklärung:

- Zeile 1: Importieren des CSV-Moduls.
- Zeile 4: Öffnen der CSV-Datei mit dem Namen Datei.csv.
- Zeile 8: Einlesen der CSV-Datei als einzelne Zeile in Form von Zeichenketten.
- Zeile 9–11: Umwandeln des Kommas durch einen Punkt mit replace(„,",
  „.") und Konvertieren der resultierenden Zeichenkette in eine Dezimalzahl mit
  float(). Alle diese Zahlen werden in einer neuen Liste daten abgespeichert.
- Zeile 14: Schließen der CSV-Datei.

Schreiben von CSV-Dateien

Für das Schreiben einer CSV-Datei sind die folgenden Schritte notwendig:

1. Importieren des CSV-Moduls:

```
import csv
```

2. Öffnen der Datei im Pfad-String `pfad`:

```
data  = open(pfad, 'w')
```

Die Rückgabe ist ein File-Objekt in Form eines Dateihandles.
3. Erstellung eines `Writer`-Objektes:

```
out = csv.writer(data, delimiter=';', lineterminator='\n')
```

Zusätzlich kann der Parameter `delimiter` für ein spezielles Trennzeichen und `lineterminator` für ein Zeilenendezeichen gesetzt werden.
4. Schreiben einer eindimensionalen Liste `liste1` oder einer zweidimensionalen Liste `liste2`:

```
out.writerow(liste1)
out.writerows(liste2)
```

5. Schließen der Datei:

```
data.close()
```

Beispiel 7.4. Wir erstellen eine CSV-Datei mit dem Namen `Datei1.csv` mit den Werten aus einem zweidimensionalen Array:

```
1 import csv
2
3 # Definition von Beispieldaten
4 zahlen = [[1.00, 23.00, 3.43], [-40.43, 4.30, 2.30]]
5
6 # 1. Öffnen der Datei
7 data = open("Datei1.csv", 'w')
8
9 # 2. Erstellen eines Writer-Objektes
10 out = csv.writer(data, delimiter = ";", lineterminator = "\n")
11
12 # 3. Scheiben der Datenwerte
13 out.writerows(zahlen)
14
15 # 4. Schließen der Datei
16 data.close()
```

Allgemeine Erklärung:

- Zeile 1: Importieren des CSV-Modul:
- Zeile 4: Definition der Werte der Daten in Form einer Matrix.
- Zeile 7: Öffnen der Textdatei mit dem Namen `Datei1.csv`.

- Zeile 10: Erstellen eines Writer-Objektes `out`.
- Zeile 13: Schreiben der gesamten Datenwerte der zweidimensionalen Liste.
- Zeile 16: Schließen der CSV-Datei.

Schreiben von Excel-Dateien

Excel-Dateien werden sehr häufig verwendet, welche in Python mit dem Modul `openpyxl` verarbeitbar sind:

1. Importieren des Excel-Moduls:

   ```
   import openpyxl
   ```

2. Erstellung eines leeren `Workbook`-Objekts:

   ```
   wb = openpyxl.Workbook()
   ```

   Setzen des Namens des aktuellen Arbeitsblattes durch eine Zeichenkette:

   ```
   tab = wb.active
   tab.title = name
   ```

   Mit der Funktion `create_sheet(index = nr, title = name)` und `remove_sheet(sheet)` werden Arbeitsblätter an der angegebenen Stelle zu einer Arbeitsmappe hinzugefügt bzw. entfernt.
3. Schreiben von Werten in die einzelnen Zellen (z. B. `'A1'`, `'A2'`):

   ```
   tab[zelle] = wert
   ```

   bzw. mit den Attributen für die Zeile und Spalte mit Indexwerten größer gleich 1:

   ```
   tab.cell(row = zeile, column = spalte).value = wert
   ```

4. Speichern der Arbeitsmappe:

   ```
   wb.save(dateinamen)
   ```

In den Arbeitsmappen können Sie die Schrift der Zellen, das Erscheinungsbild der Zeilen/Spalten, Diagramme und Formeln festlegen.

Beispiel 7.5. Wir erstellen eine Excel-Datei mit dem Namen `Datei.xlsx` mit drei verschiedenen Tabellen mit den Namen `MeineTabelle1`, `MeineTabelle2` und `MeineTabelle3`. In das erste Tabellenblatt `MeineTabelle1` schreiben wir eine Menge von Zahlen.

```
 1 import openpyxl
 2
 3 # Definition von Beispieldaten
 4 zahlen = [[1.00, 23.00, 3.43], [-40.43, 4.30, 2.30]]
 5
 6 # 1. Erstellen eines leeren Arbeitsmappe
 7 wb = openpyxl.Workbook()
 8
 9 # 2. Umbenennen des aktuellen Arbeitsblattes
10 tab1 = wb.active
11 tab1.title = "MeineTabelle1"
12
13 # 3. Anlegen neuer Tabellenblätter
14 tab2 = wb.create_sheet("MeineTabelle2")
15 tab3 = wb.create_sheet("MeineTabelle3")
16
17 # 4. Schreiben der Werte
18 for i in range(0, len(zahlen)):
19     for j in range(0, len(zahlen[0])):
20         tab1.cell(row = i+1, column = j+1).value = zahlen[i][j]
21
22 # 5. Speichern der Arbeitsmappe
23 wb.save("Datei.xlsx")
```

Allgemeine Erklärung:

- Zeile 1: Importieren des Excel-Moduls openpyxl.
- Zeile 4: Definition der Werte der Tabelleneinträge in Form einer Matrix.
- Zeile 7–11: Definition der leeren Arbeitsmappe mit einem Arbeitsblatt MeineTabelle1.
- Zeile 14–15: Anlegen weiterer neuer Arbeitsblätter.
- Zeile 18–20: Zeilenweises Einfügen der Inhalte der Tabelle mit Hilfe zweier for-Schleifen.
- Zeile 23: Abspeichern der Excel-Datei mit dem Namen Datei.xlsx.

Lesen von Excel-Dateien

Für das Lesen einer Excel-Tabelle sind die folgenden Schritte notwendig:

1. Importieren des Excel-Moduls:

   ```
   import openpyxl
   ```

2. Öffnen der Arbeitsmappe im Pfad-String pfad mit einem Workbook-Objekt:

   ```
   wb = openpyxl.load_workbook(pfad)
   ```

   Aufrufen der Arbeitsblätter aus der Arbeitsmappe in Form einer Liste:

   ```
   blaetter = wb.get_sheet_names()
   ```

3. Ansprechen eines Arbeitsblattes `blatt` durch eine Zeichenkette mit einem Worksheet-Objekt:

```
tab = wb(blatt)
```

4. Ansprechen der Zellen im String `zelle` eines Arbeitsblattes (z. B. `'A1'`):

```
tab[zelle].value
```

bzw. mit den Attributen für die Zeile und Spalte mit Indexwerten größer gleich 1:

```
tab.cell(row = zeile, column = spalte).value
```

Die Größe des Arbeitsblattes liefern die beiden Methoden `tab.max_row` und `tab.max_column`.

Beispiel 7.6. Wir lesen die obige Excel-Datei mit dem Namen `Datei.xlsx` ein, geben die Namen aller Arbeitsblätter aus und den Inhalt des ersten Arbeitsblattes.

```
 1 import openpyxl
 2
 3 # 1. Öffen der existienenden Arbeitsmappe
 4 wb = openpyxl.load_workbook("Datei.xlsx")
 5
 6 # 2. Anzeigen der Namen aller Arbeitsblätter
 7 liste = wb.sheetnames
 8 print(liste)
 9
10 # 3. Lesen des ersten Arbeitsblattes
11 tab = wb[liste[0]]
12 daten = []
13 for i in range(0, tab.max_row):
14     for j in range(0, tab.max_column):
15         daten.append(tab.cell(row = i+1, column = j+1).value)
16 print(daten)
```

Ausgabe:

```
['MeineTabelle1', 'MeineTabelle2', 'MeineTabelle3']
[1, 23, 3.43, -40.43, 4.3, 2.3]
```

Allgemeine Erklärung:

1. Zeile 1: Importieren des Excel-Moduls `openpyxl`.
2. Zeile 4: Öffnen einer existierenden Arbeitsmappe mit dem Namen `Datei.xlsx`.
3. Zeile 7–8: Anzeigen der Namen aller Arbeitsblätter.
4. Zeile 11–16: Durchlaufen der einzelnen Zellen der Tabelle, Abspeichern in einer Liste und Ausgabe der Informationen.

Die Beispiele

Beispiel 7.7 (Umwandeln einer amerikanischen Datumsangaben in europäische).
Wir schreiben ein Programm für das Umwandeln aller Dateinamen im aktuellen
Ordner mit Datumsangaben im amerikanischen Format (MM-DD-YYYY) in das
europäische Format (DD-MM-YYYY).

```
1 import shutil, os, re
2
3 # Definition eines regulärer Ausdruck für das US-Datumsformat
4 datum = re.compile(r"""^(.*?)          # Gesamter Text vor Datum
5     ((0|1)?\d)-                        # Ein oder zwei Ziffern für den Monat
6     ((0|1|2|3)?\d)-                    # Ein oder zwei Ziffern für den Tag
7     ((19|20)\d\d)                      # Vier Ziffern für das Jahr
8     (.*?)$                            # Gesamter Text nach dem Datum
9     """, re.VERBOSE)
10
11 for amiDatei in os.listdir('.'):
12
13     # 1. Aktuelle Datei auf Datumsangabe prüfen
14     mo = datum.search(amiDatei)
15
16     # 2. Überspringen von Dateien ohne Datumsangabe
17     if mo == None:
18         continue
19
20     # 3. Abrufen der einzelnen Teile des Dateinamens
21     text1 = mo.group(1)
22     monat = mo.group(2)
23     tag   = mo.group(4)
24     jahr  = mo.group(6)
25     text2 = mo.group(8)
26
27     # 4. Definition des Dateinamen nach europäischen Datumsangaben
28     euroDatei = text1 + tag + '-' + monat + '-' + jahr + text2
29
30     # 5. Umbennen der Datei
31     dateipfad = os.path.abspath('.')
32     amiDatei  = os.path.join(dateipfad, amiDatei)
33     euroDatei = os.path.join(dateipfad, euroDatei)
34     shutil.move(amiDatei, euroDatei)
```

Allgemeine Erklärung:

- Zeile 4–9 Definition eines regulärer Ausdrucks für Dateinamen mit dem amerikanischen Datumsformat.
- Zeile 11–18: Durchsuchen aller Dateinamen im aktuellen Arbeitsverzeichnis nach amerikanischen Datumsangaben mit Hilfe des regulären Ausdrucks.
- Zeile 21–34: Umbenennen der Dateinamen durch Vertauschen der Tages- und die Monatsangabe für alle Fundstellen.

Die Zusammenfassung

1. Für die allgemeine Dateiverarbeitung steht das Python-Modul os zur Verfügung.
2. Das Lesen und Schreiben von Textdateien erfolgt mit den Funktionen read() und write().
3. Das Verarbeiten von CSV-Dateien wird mit den Funktionen aus dem Modul csv erledigt.
4. Das Verarbeiten von Excel-Dateien geschieht mit den Funktionen aus dem Modul openpyxl.

Die Übungen

Aufgabe 7.1 (Textdaten schreiben). Schreiben Sie ein Programm Messdaten, dass von der Konsole eingegebene Datenpunkte (z. B. Temperatur, Druck, usw.) in eine Textdatei schreibt.

Aufgabe 7.2 (Unidatenbank). In einer Unidatenbank sind unter anderem die folgenden Einträge hinterlegt:

Name	Vorname	Titel	PerNr.	Geb	Jahresgehalt
Cooper	Sheldon	Dr. Dr.	110190	1973	73.992,23
Wolowitz	Howard	M.Sc.	112832	1980	56.938,46
Fowler	Amy	Dr.	102938	1975	65.034,33
Hofstadter	Leonard	Dr.	139823	1975	67.097,45
Koothrappali	Rajesh	Dr.	124532	1981	62.093,45

Erstellen Sie ein Programm Uni mit den folgenden Methoden:

- leseDatei(dateiname, zeilenzahl, spaltenzahl)
  Einlesen einer angegebenen Textdatei vorgegebener Dimension mit einem definierten Mitarbeiterstamm.
- schreibeDatei(dateiname, mitarbeiter)
  Schreiben des Mitarbeiterstamms mit einer zusätzlichen Spalte für das Gehalt mit 25 % Steuern als Textdatei.
- hinzufuegenMitarbeiter(dateiname, String)
  Ergänzen der Daten einer neuen Person in die angegebene Datei.
- getGehaelter(mitarbeiter)
  Rückgabe aller Gehälter der Mitarbeiterstammdaten.
- getPersonMaxGehalt(gehaelter)
  Bestimmen der Zeilenzahl des Mitarbeiters mit dem höchsten Gehalt.

- `getPersonalausgaben(gehaelter)`
  Berechnen der gesamten Personalausgaben der Universität mit einem zusätzlichen 25 % Steueraufschlag.
- `konvertiereCSV(dateiname, zeilenzahl, spaltenzahl)`
  Umwandeln der angegebenen Textdatei vorgegebener Dimension in eine CSV-Datei.

Testen Sie alle implementierten Methoden in einem separaten Programm.

Hinweise: Schreiben Sie die angegebenen Inhalte in eine Textdatei. Wenn Sie neue Dateien schreiben, verwenden Sie einen anderen Dateinamen, da ansonsten die ursprüngliche Datei überschrieben wird.

Wie erstelle ich objektorientierte Programme? Objektorientierte Programmierung Teil I

8

Die bisherigen Programme bestanden aus verschiedenen Methoden mit bereits vorhandenen Datentypen aus Zahlen oder Zeichenketten. Wir haben keine eigenen Datentypen definiert und keinen Zusammenhang zwischen Daten und den darauf anwendbaren Operationen hergestellt.

In der objektorientierten Programmierung definieren wir eigene Datentypen. Damit erstellen wir Programme durch eine Menge von interagierenden Elementen, den sogenannten Objekten. Das Ziel ist eine möglichst einfache Abbildung unserer realen Welt, um reale Objekte wie Autos, Menschen oder Produkte direkt in Software zu modellieren. Wir fassen dazu Klassen mit zusammengehörigen Daten und die darauf arbeitende Programmlogik zusammen.

Unsere Lernziele

- Prinzip der objektorientierten Programmierung verstehen.
- Eigene Datenklassen mit Konstruktoren und Methoden erstellen.
- Prinzip der Datenkapselung mittels Zugriffsspezifizierer verstehen.
- Funktionsweise der Getter- und Setter-Methoden kennenlernen.

Das Konzept

Wir betrachten als einführendes Beispiel die Klasse PKW, wie in Abb. 8.1 dargestellt. Die Klasse PKW beschreibt die Eigenschaften und Verhaltensweisen aller PKWs:

- Eigenschaften: Marke, Modell, PS usw.
- Verhaltensweise: kann lenken, kann bremsen usw.

Die Attribute der Klasse PKW beschreiben die Eigenschaften der Klasse, z. B. Marke, Modell, PS oder den Zustand eines Objekts der Klasse, z. B. Tankinhalt. Die Methoden der Klasse PKW beschreiben das Verhalten, z. B. anlassen, fahren usw.

© Springer Fachmedien Wiesbaden GmbH, ein Teil von Springer Nature 2020
S. Dörn, *Python lernen in abgeschlossenen Lerneinheiten*,
https://doi.org/10.1007/978-3-658-28976-8_8

Klasse PKW

Instanz: PKW1
Attribute:
Marke = „Wartburg"
Modell = „353"
PS = 50

Instanz: PKW2
Attribute:
Marke = „VW"
Modell = „Lupo"
PS = 50

Instanz: PKW3
Attribute:
Marke = „Chevrolet"
Modell = „Bel Air"
PS = 250

Abb. 8.1   Klasse PKW mit drei Instanzen und zugehörigen Attributen

Von der Klasse PKW sind beliebig viele Instanzen wie PKW1, PKW2, usw. definierbar, die sogenannten Objekte der Klasse. Mit dem Anlegen einer Instanz einer Klasse, in diesem Fall durch ein neues Automodell, werden die zugehörigen Attributwerte für die Eigenschaften gesetzt.

Aufbau einer Klasse

Eine *Klasse* ist ein Konstruktionsplan für Objekte mit gleichen Eigenschaften und gleichem Verhalten. Die Klasse definiert, wie diese Objekte aufgebaut sind und wofür sie verwendbar sind. Eine Klasse legt dafür die Eigenschaften (Attribute) und Verhaltensweisen (Methoden) der Objekte fest. Mit Hilfe dieses Konzeptes sind wir in der Lage, eigene Datentypen für spezifische Aufgaben zu definieren. Diese Datentypen fassen eine Menge von Daten und darauf operierender Methoden zusammen.

Der Aufbau einer Klasse besteht aus einem Konstruktor mit Instanzvariablen und Methodendefinitionen, die mit dem Schlüsselwort class, einem Bezeichner und einem abschließenden Doppelpunkt definiert sind:

```
class Klassenname:
    // Konstruktor
    // Methoden
```

Mit dem Schlüsselwort `class` haben wir einen neuen Datentyp namens `Klassenname` definiert. Damit können wir in anderen Klassen Variablen vom Typ `Klassenname` einführen.

▶ **ACHTUNG** Schreiben Sie Variablen- und Methodennamen klein und Klassennamen mit einem Großbuchstaben. Konstanten bestehen in der Regel vollständig aus Großbuchstaben. Für die bessere Lesbarkeit sollten Sie alle Wortanfänge im Namen großschreiben. Verwenden Sie prägnante (beschreibende) Substantive für Klassennamen (z. B. `FirmenKonto`).

Die Instanzvariablen einer Klasse repräsentieren den Zustand eines Objektes, die in allen Methoden verwendbar sind. Der Konstruktor ist die Initialisierungsmethode für die Instanzvariablen, die den Namen `__init__()` trägt und den Instanzvariablen über den Parameter `self` vorgegebene Anfangswerte zuweist:

```
class Klassenname:
    def __init__(self, parameterliste):
        ...
    // Methoden
```

Der Parameter `self` ist immer der erste Variablenname in der Parameterliste des Konstruktors, er stellt eine Referenz auf das Objekt selbst dar. Konstruktoren haben keine Rückgabewerte, da sie nicht direkt aufgerufen werden. Die Methoden der Klasse legen das Verhalten von Objekten fest und arbeiten immer mit den Variablen des aktuellen Objektes.

▶ **ACHTUNG** Methoden unterscheiden sich von Funktionen durch die folgenden zwei Punkte:

• Methoden werden in dem von `class` eingeleiteten Block definiert.
• Methoden enthalten in der Definition als ersten Parameter `self`, Beim Aufruf der Methode wird dieser Parameter automatisch mit der entsprechenden Instanz verknüpft, braucht daher also nicht mit hingeschrieben werden.

Als Beispiel betrachten wir hier die Klasse `Adresse`, mit der wir Objekte in Form von Adressen von Personen definieren. Die Klasse hat gewisse Eigenschaften in Form von Variablen (`strasse`, `nummer`, `postleitzahl`, `stadt`) und Verhaltensweisen in Form von Methoden (`getAdresse()`, `aendereAdresse()`).

```
 1  class Adresse:
 2
 3      # --- Konstruktor ---
 4      def __init__(self, str, nr, plz, ort):
 5          self.strasse     = str
 6          self.nummer      = nr
 7          self.postleitzahl = plz
 8          self.wohnort     = ort
 9
10      # --- Methoden ---
11      def getAdresse(self):
12          return self.strasse + " " + str(self.nummer) + ", " + \
13                 str(self.postleitzahl) + " " + self.wohnort
```

Allgemeine Erklärung:

- Zeile 4–8: Definition des Konstruktors mit der Methode __init__() für das Initialisieren der Instanzvariablen mit den übergebenen Parametern.
- Zeile 11–13: Definition einer Methode zur Rückgabe der vollständigen Adresse in Form einer Zeichenkette.

Durch die Definition der Klasse haben wir einen neuen Datentyp Adresse erstellt. Mit der folgenden Anweisung sind Objekte dieser Klasse in Form von Instanzvariablen mit konkreten Werten belegbar:

```
klname = Klassenname(wert1, wert2, ...)
```

Mit dieser Anweisung wird automatisch bei der Objekterzeugung der Konstruktor aufgerufen. Die Variable klname heißt *Objektvariable*. Diese Variable ist ein *Objekt* oder eine *Instanz* ihres Klassentyps. Damit haben wir ein echtes Objekt und nicht mehr nur eine Anhäufung von einzelnen Variablen. Mit Hilfe der Objektvariablen klname und des Punktoperators (.) können wir auf die Instanzvariablen und die Methoden des Objektes zugreifen.

```
 1  from Adresse import Adresse
 2
 3  paul_muellerle = Adresse("Schätzlestrasse", 10, 78534, "Schwabingen")
 4  ute_schmitt    = Adresse("Kronenstrasse", 6, 20459, "Hamburg")
 5  print(paul_muellerle.getAdresse())
 6  print(ute_schmitt.getAdresse())
```

Ausgabe:

```
Schätzlestrasse 10, 78534 Schwabingen
Katharinenstrasse 6, 20459 Hamburg
```

Allgemeine Erklärung:

- Zeile 3–4: Definition zweier Objekte der Klasse Adresse durch Übergabe der aktuellen Parameterwerte. Die Variablen paul_muellerle und ute_schmitt sind Objektvariablen und ihre Werte sind Objekte oder Instanzen der Klasse Adresse.

- Zeile 5–6: Ausgabe der Adressbezeichnung der beiden Objekte mit Hilfe der Methode getAdresse() über den Punktoperator der zugehörigen Instanzen.

▶ **ACHTUNG** Die Objektvariablen sind Referenzen bzw. Zeiger, d. h. bei der Übergabe von Objekten an Methoden erhält die Methode keine Kopie, sondern arbeitet mit dem Originalobjekt. In diesem Fall wird das bereits vorgestellte Übergabeschema call by reference von Arrays angewandt.

Sichtbarkeitstypen von Variablen

Die objektorientierte Programmierung hat die Aufgabe, die Programme sicherer und robuster zu machen. Für die obige Klasse Adresse trifft diese Forderung noch nicht zu, da beispielsweise die Instanzvariable plz Zahlen enthalten kann, die keine fünf Stellen besitzen. Mit Hilfe von Sichtbarkeitstypen schützen wir Instanzvariablen vor falschen Werten. Diese Schlüsselwörter werden in der Klassendefinition den Klassenelementen vorangestellt:

- **public:** Das Element kann innerhalb der eigenen Klasse und in allen anderen Klassen verwendet werden. Alle Variablen und Methoden sind in Python standardmäßig public.
- **protected:** Das Element kann in der eigenen und in Klassen, die von dieser abgeleitet sind, verwendet werden. Mit dem voranstellen eines einzelnen Unterstrichs wird ein Element als protected gekennzeichnet.
- **private:** Das Element kann nur innerhalb der eigenen Klasse verwendet werden. Mit dem voranstellen von zwei Unterstrichen wird ein Element als private gekennzeichnet.

Mit diesen Zugriffsmethoden stellen wir einen kontrollierten Zugriff auf die Instanzvariablen sicher. Um die Instanzvariablen unserer Klasse Adresse vor falschen Werten zu schützen, deklarieren wir alle Instanzvariablen von public auf private:

```
 1 class Adresse:
 2
 3     # --- Konstruktor ---
 4     def __init__(self, str, nr, plz, ort):
 5         self.__strasse    = str
 6         self.__nummer     = nr
 7         self.__wohnort    = ort
 8         if (plz >= 10000) and (plz <= 99999):
 9             self.__postleitzahl = plz
10         else:
11             print("Falscher Postleitzahlwert")
12
13     # --- Methoden ---
14     def getAdresse(self):
15         return self.__strasse + " " + str(self.__nummer) + ", " + \
16                 str(self.__postleitzahl) + " " + self.__wohnort
```

Allgemeine Erklärung:

1. Zeile 4–7: Definition und Initalisieren der Instanzvariablen der Klasse `Adresse` mit dem Sichtbarkeitstyp private und den übergebenen Parametern.
2. Zeile 8–11: Prüfen im Konstruktor, ob die vorgegebene Zahl `plz` einer 5-stelligen Zahl entspricht. Falls das nicht der Fall ist, wird eine Fehlermeldung ausgegeben.

In dieser Implementierung der Klasse `Adresse` besteht keine Möglichkeit mehr, die einzelnen Instanzvariablen zu ändern. Der Zugriff auf die Instanzvariablen (z. B. `paul_muellerle.postleitzahl`) ergibt einen Syntaxfehler. Zum Abfragen und Ändern der Werte der Variablen definieren wir die sogenannten Getter- und Setter-Methoden.

Getter- und Setter-Methoden

Der Zugriff von außen auf ein Attribut mit dem Modifier private ist durch eine Methode möglich, die Auskunft über den aktuellen Wert des Attributs gibt, die sogenannte *Getter-Methode*. Für jede Variable der Klasse wird eine solche Methode erstellt, die als Ergebnis den Wert der betreffenden Variablen bzw. das Attribut zurückliefert. Es ist üblich, als Namen den Bezeichner `getAttributname` zu verwenden:

```
def getAttributname(self):
{
    return self.__variablenname
}
```

Methoden zum Zuweisen von neuen Werten für einzelne Attribute heißen *Setter-Methoden*. Als Bezeichner wird in vielen Fällen `setAttributname` verwendet:

```
def setAttributname(self, variablenname):
{
    self.__variablenname = variablenname
}
```

Für die obige Beispielklasse `Adresse` erstellen wir verschiedene Getter- und Setter-Methoden:

```
 1 class Adresse:
 2
 3     # --- Konstruktor ---
 4     def __init__(self, str, nr, plz, ort):
 5         self.__strasse     = str
 6         self.__nummer      = nr
 7         self.__wohnort     = ort
 8         if (plz >= 10000) and (plz <= 99999):
 9             self.__postleitzahl = plz
10         else:
11             print("Falscher Postleitzahlwert")
12
13     # --- Methoden ---
14     def getAdresse(self):
15         return self.__strasse + " " + str(self.__nummer) + ", " + \
16                str(self.__postleitzahl) + " " + self.__wohnort
17
18     def getStrasse(self):
19         return self.__strasse
20
21     def getPlz(self):
22         return self.__postleitzahl
23
24     def setStrasse(self, str):
25         self.__strasse = str
26
27     def setPlz(self, plz):
28         if (plz >= 10000) and (plz <= 99999):
29             self.__postleitzahl = plz
```

Allgemeine Erklärung:

1. Zeile 18–22: Definition von Getter-Methoden für die Instanzvariable strasse und postleitzahl.
2. Zeile 24–29: Definition von Setter-Methoden für die Instanzvariable strasse und postleitzahl.

Diese Art der Programmierung ist mit Mehraufwand verbunden, bietet aber den Vorteil einer einheitlichen Benutzerschnittstelle. In dieser Schnittstelle wird geprüft, ob die Änderung des Attributwertes zulässig ist. Weiterhin können auf diese Weise interne Variablen vor anderen Nutzern verborgen werden.

Globale Variablen und statische Methoden

Manchmal ist es sinnvoll Eigenschaften zu verwenden, die nicht an Instanzen einer Klasse gebunden sind. Ein Beispiel ist eine Variable, welche die Anzahl der angelegten Objekte einer Klasse zählt. Die Instanzvariablen beschreiben die Eigenschaften von Objekten einer Klasse, während die Klassenvariablen der gesamten Klasse zuzuordnen sind. Klassenvariablen sind Bestandteile der Klasse und werden nicht mit jedem Objekt neu erzeugt.

```
class Klassenname:
    // Globale Variable
    klassenvariable = 1
    ...
```

Der Zugriff auf eine Klassenvariable erfolgt durch die Syntax:

```
Klassenname.klassenvariable
```

Im Gegensatz zu Instanzvariablen, die immer an ein konkretes Objekt gebunden sind, existieren Klassenvariablen unabhängig von einem Objekt. Jede Klassenvariable wird nur einmal angelegt und ist von allen Methoden der Klasse aufrufbar. Da sich alle Methoden diese Variable teilen, sind Veränderungen von einer Instanz in allen anderen Instanzen sichtbar.

Neben Klassenvariablen existieren in Python Klassenmethoden bzw. statische Methoden. Diese Methoden existieren unabhängig von einer bestimmten Instanz. Klassenmethoden werden mit Hilfe des Decorators @staticmethod definiert:

```
@staticmethod
def klassenmethode(...):
    ...
```

Die statische Methoden benötigen keinen self-Parameter, da sie sich nicht auf eine Instanz der Klasse beziehen. Der Zugriff auf eine Klassenmethode erfolgt durch die Syntax:

```
Klassenname.klassenmethode(...)
```

Klassenmethoden werden häufig für primitive Datentypen eingesetzt, die keinem speziellen Datenobjekt zuzuordnen sind. Ein Beispiel hierfür ist das Modul math, das eine Reihe von wichtigen mathematischen Methoden und Konstanten zur Verfügung stellt.

	Instanzmethode	statische Methode
Beispiel	ute_schmitt.getAdresse()	math.sqrt(2.0)
Aufruf	Objektname	Klassenname
Parameter	Referenz auf Objekt, Argumente	Argumente
Anwendung	Objektwert manipulieren	Rückgabewert berechnen

▶ **ACHTUNG** Der Code in einer Klasse sollte wie eine Erzählung von oben nach unten lesbar sein. Schreiben Sie zusammengehörige Fakten stets eng beieinander. Im oberen Teil der Quelldatei sollten die Instanzvariablen und die wichtigsten Konzepte stehen. Die Detailtiefe nimmt nach unten hin zu, wobei am Ende die Hilfsmethoden stehen. Sinnvoll ist es, hinter jeder Methode die Methode auf der nächsttieferen Abstraktionsebene zu schreiben. Die aufrufende Methode sollte möglichst über der aufgerufenen Methode stehen. Typischerweise sollte die Größe einer Datei nicht 500 Zeilen überschreiten.

Die Beispiele

Beispiel 8.1 (Klasse Kreis). Wir definieren eine Klasse Kreis zur Repräsentation von geometrischen Kreisobjekten. Die Klasse wird durch die Attribute in Form von Instanzvariablen des Kreisradius und des Mittelpunktes beschrieben. Die Verhaltensweise dieser Klasse wird durch Methoden dargestellt, beispielsweise um den Flächeninhalt zu berechnen und den Kreis zu verschieben.

```
 1 import math
 2 class Kreis:
 3
 4     # Klassenvariable
 5     __anzahl = 0
 6     # Konstruktor
 7     def __init__(self, r=1, x=0, y=0):
 8         self.__x = x
 9         self.__y = y
10         if r > 0:
11             self.__radius = r
12         Kreis.__anzahl = Kreis.__anzahl + 1
13
14     # Berechnen der Kreisflaeche
15     def getFlaeche(self):
16         return math.pi * self.__radius * self.__radius
17
18     # Verschieben des Kreismittelpunktes
19     def verschiebe(self, dx, dy):
20         self.__x = self.__x + dx
21         self.__y = self.__y + dy
22
23     def getRadius(self):
24         return self.__radius
25
26     def getMittelpunkt(self):
27         return [self.__x, self.__y]
28
29     def setRadius(self, r):
30         if self.__r > 0:
31             self.__radius = r
32
33     def setMittelpunkt(self, x, y):
34         self.__x = x
35         self.__y = y
36
37     @staticmethod
38     def getAnzahl():
39         return Kreis.__anzahl
```

Kreisobjekte können wir dann wie folgt in einem Testprogramm definieren:

```
1 from Kreis import Kreis
2
3 k1 = Kreis(2.3)
4 k2 = Kreis(1, 4.3, 4.5)
5 print("Gesamtflaeche = ", str(round(k1.getFlaeche() + k2.getFlaeche(), 2)))
6 k1.verschiebe(1.3, 2.5)
7 print("Mittelpunkt: ", k1.getMittelpunkt())
8 print("Anzahl der Kreisobjekte: ", Kreis.getAnzahl())
```

Beachten Sie, dass from Kreis import Kreis bedeutet, dass aus der Datei Kreis die Klasse Kreis importiert wird. Verwenden Sie für eine bessere Übersicht immer separate Dateien für die Klassendefinition und die Testprogramme.

Ausgabe:

```
Gesamtflaeche = 19,76
Mittelpunkt:   [1.3, 2.5]
Anzahl der Kreisobjekte: 2
```

Allgemeine Erklärung:

- Zeile 5–12: Definition der nichtöffentlichen Instanzvariablen der Klasse Kreis aus Radius (radius) und Mittelpunkt (x, y), sowie der nicht öffentlichen Klassenvariable anzahl für die Anzahl der Kreisobjekte. Die Initialisierungsmethode besitzt für alle drei Instanzvariablen vordefinierte default-Werte.
- Zeile 15–21: Definition einer Methode zum Berechnen der Kreisfläche und zum Verschieben des Mittelpunktes.
- Zeile 23–35: Definition der Getter- und Setter-Methoden als vereinheitlichte Schnittstelle. Durch die private definierten Instanzvariablen ist ein Zugriff von außerhalb nicht möglich. Damit soll verhindert werden, dass Werte von Variablen ohne Prüfung änderbar sind.
- Zeile 37–39: Definition einer statischen Methode für den Zugriff auf die Klassenvariable anzahl.

Diese Klasse kann in einem Zeichenprogramm verwendet werden, in dem die Objekte zu zeichnende Elemente, wie Linien, Kreise oder Rechtecke darstellen.

Die Zusammenfassung

1. Alle Dinge sind Objekte. Die Objekte sind Instanzen einer Klasse. In einer Klasse ist die Verhaltensweise der Objekte implementiert. Jedes Objekt besitzt einen eigenen Speicherbereich für seine zugehörigen Daten. Mit dem Austausch von Objekten kommunizieren die einzelnen Objekte miteinander.

2. Eine Klassendefinition aus Instanzvariablen, Konstruktoren und Methoden führt einen neuen Datentyp ein. Diese Klasse ist durch die Zusammenfassung der Menge von Daten und darauf operierender Methoden der Konstruktionsplan für Objekte.

3. Variablen können in Python nur innerhalb von Klassen definiert werden, wobei die folgenden drei Arten zu unterscheiden sind:
   - *Lokale Variable,* die innerhalb einer Methode oder eines Blocks definiert wird, und nur dort existiert.
   - *Klassenvariable,* die außerhalb einer Methode definiert wird.
   - *Instanzvariable,* die im Rahmen einer Klassendefinition definiert und zusammen mit dem Objekt angelegt wird.

4. Der Konstruktor ist die Initialisierungsmethode für die Instanzvariablen, die den Namen `__init__()` trägt und den Instanzvariablen über den Parameter `self` vorgegebene Anfangswerte zuweist. Der Parameter `self` ist dabei stets der erste Variablenname im Konstruktor und stellt eine Referenz auf das Objekt selbst dar.

5. Die Methoden der Klasse legen das Verhalten von Objekten fest und arbeiten immer mit den Variablen des aktuellen Objektes.

6. Die *Abstraktion* beschreibt die Vorgehensweise, unwichtige Einzelheiten auszublenden und Gemeinsamkeiten zusammenzufassen. Die Abstraktion beschreibt gleichartige Objekte mit gemeinsamen Merkmalen mit Hilfe von Klassen, ohne eine genaue Implementierung.

7. Die *Kapselung* stellt den kontrollierten Zugriff auf Attribute bzw. Methoden einer Klasse dar. Das Innenleben einer Klasse bleibt dem Nutzer weitestgehend verborgen (Geheimnisprinzip). In einer Klasse sind die nach außen sichtbaren Methoden eines Objektes die Schnittstelle, die zur Interaktion mit anderen Klassen dienen.

8. Die Datenkapselung schützt die Variablen einer Klasse vor unberechtigtem Zugriff von außen und bietet eine Reihe von Vorteilen:
   - Verbesserte Änderbarkeit: Implementierung einer Klasse kann geändert werden, solange die öffentliche Schnittstelle gleich bleibt.
   - Verbesserte Testbarkeit: Beschränkung der Zugriffsmöglichkeiten auf eine Klasse verkleinert die Anzahl der notwendigen Testfälle.
   - Verbesserte Wartbarkeit: Datenkapselung erleichtert die Einarbeitung in fremden Programmcode und vereinfacht die Fehlersuche.

Die Übungen

Aufgabe 8.1 (Klasse Kreis). Erweitern Sie die Klasse `Kreis` mit einer Instanzvariable `farbe` und eine Methode `getUmfang()` zur Berechnung des Umfangs. Definieren Sie zwei weitere sinnvolle Konstruktoren sowie die zugehörigen Getter- und Setter-Methoden für die Variable `farbe`. Erzeugen Sie anschließend verschiedene Kreisobjekte in der separaten Testklasse und überprüfen Sie die vorhandenen Methoden.

Aufgabe 8.2 (Klasse Rechteck). Implementieren Sie eine Klasse `Rechteck` zur Repräsentation von Rechtecken. Diese Klasse soll die gleiche Funktionalität wie die Klasse `Kreis` besitzen. Erzeugen Sie anschließend verschiedene Rechteckobjekte in der separaten Testklasse und überprüfen Sie die vorhandenen Methoden.

Aufgabe 8.3 (Klasse Schrank). Implementieren Sie eine Klasse `Schrank` mit den Instanzvariablen `name` für den Modellnamen, einem Array `abmessung` für die Länge, Breite und Höhe und `preis` für den Preis. Erstellen Sie drei Konstruktoren für zwei Einheitsschränke sowie für einen allgemeinen Schranktyp. Schreiben Sie neben den notwendigen Getter- und Setter-Methoden noch die folgenden Methoden:

- `getVolumen()`
  Berechnen des Volumens eines Schrankes.
- `getPreis()`
  Berechnen des Preises eines Schrankes über eine geeignete Vorschrift aus dem Volumen.
- `getInfo()`
  Ausgabe der vollständigen Schrankeigenschaften als Zeichenkette.
- `getAnzahl()`
  Rückgabe der Anzahl der definierten Schränke mit Hilfe der Klassenvariablen `zaehler`.

Testen Sie anschließend diese Klasse mit mehreren definierten Schrankobjekten.

Wie erstelle ich objektorientierte Programme? Objektorientierte Programmierung Teil II

Mit einer Klasse haben wir einen selbst definierten Datentyp mit Eigenschaften in Form von Instanzvariablen und Verhaltensweisen mittels Methoden erstellt. Die konkrete Realisierung einer Klasse sind die Objekte. Diese Objekte können wir in anderen Klassen wiederum als Instanzvariablen verwenden. Auf diesem Weg sind wir in der Lage, ein neues Objekt aus anderen Objekten zusammenzusetzen.

Unsere Lernziele

- Zusammensetzen von Objekten und deren Interaktion untereinander.
- Objektorientierte Analyse und Modellierung praktischer Aufgabenstellungen.
- Objekte in Arrays und dynamischen Listen verwenden.

Das Konzept

Zusammensetzen von Objekten

Viele Objekte entstehen durch das Zusammensetzen eines Objektes aus anderen Objekten. Wir zeigen dieses Prinzip anhand der Klasse Person, deren Instanzvariablen das Objekt Adresse sowie die beiden Zeichenketten name für den Namen und vorname für den Vornamen einer Person sind.

© Springer Fachmedien Wiesbaden GmbH, ein Teil von Springer Nature 2020
S. Dörn, *Python lernen in abgeschlossenen Lerneinheiten*,
https://doi.org/10.1007/978-3-658-28976-8_9

```
1  class Person:
2
3      # Klassenvariable
4      __anzahl = 0
5
6      # Konstruktor
7      def __init__(self, name, vonname, adresse):
8          self.__name     = name
9          self.__vonname  = vonname
10          self.__adnesse  = adresse
11          Person.__anzahl = Person.__anzahl + 1
12
13      # Methoden
14      def getAnschrift(self):
15          return self.__vonname + " " + self.__name + ", " + \
16                  self.__adnesse.getAdresse()
17
18      def getPerson(self):
19          return self
20
21      @staticmethod
22      def getAnzahl():
23          return Person.__anzahl
```

Allgemeine Erklärung:

- Zeile 4: Definition der nichtöffentlichen Klassenvariablen `anzahl` zum Zählen der Anzahl der angelegten Objekte `Person`.
- Zeile 7–11: Definition der nicht-öffentlichen Instanzvariablen der Klasse `Person` aus den beiden Zeichenketten `name` und `vorname`, sowie der Variablen `adresse` vom Typ `Adresse` im Konstruktor. Die statische Variable `anzahl` wird dabei jeweils um eins erhöht.
- Zeile 14–16: Definition einer Methode zur Rückgabe der vollständigen Anschrift als Zeichenkette. Mit der Instanzvariablen `adresse` ist die bereits definierte Methode `getAdresse()` der Klasse `Adresse` verwendbar.
- Zeile 18–19: Rückgabe des gesamten aktuellen Objektes vom Typ `Person` mit dem Schlüsselwort `self`.
- Zeile 21–23: Rückgabe des Wertes der Klassenvariablen `anzahl` mit der Klassenmethode `getAnzahl()`.

Für das Testen dieser Klasse schreiben wir das folgende Programm (die Klasse `Adresse` befindet sich hier in der Datei `Adresse2`):

```
 1 from Person import Person
 2 from Adresse2 import Adresse
 3
 4 # Definition von Adressen
 5 a1 = Adresse("Schätzlestrasse", 10, 78534, "Schwabingen")
 6 a2 = Adresse("Kronenstrasse", 6, 20459, "Hamburg")
 7
 8 # Definition von Personen
 9 p1 = Person("Paul", "Müllerle", a1)
10 p2 = Person("Ute", "Schmitt", a2)
11
12 # Ausgabe der Informationen
13 print(p1.getAnschrift())
14 print(p2.getAnschrift())
15 print("Anzahl der Personen: " + str(Person.getAnzahl()))
```

Ausgabe:

```
Müllerle Paul, Schätzlestraße 10, 78534 Schwabingen
Schmitt Ute, Katharinenstraße  6, 20459 Hamburg
Anzahl der Personen: 2
```

Die Komponenten eines Objektes können aus beliebigen Objekten anderer Klassen bestehen. Sie können diese Objekte beliebig als Argumente übergeben oder als Parameter zurückliefern.

Objektorientierte Analyse und Modellierung

Die Basis der objektorientierten Programmierung eines Softwaresystems ist das Modellieren einer Aufgabe durch kooperierende Objekte. Bei der objektorientierten Analyse sind die zu modellierenden Objekte zu finden, zu organisieren und zu beschreiben. Die einzelnen Schritte lassen sich in der folgenden Reihenfolge darstellen:

1. **Finden der Objekte:** In dem zu modellierenden Softwaresystem sind die darin enthaltenen Objekte zu finden. Diese Objekte beschreiben eine Gruppe von interagierenden Elementen. Damit werden reale Objekte wie Autos, Kunden, Aufträge oder Artikel direkt in der Software modelliert.
2. **Organisation der Objekte:** Bei einer großen Anzahl von beteiligten Objekten setzen sich zusammengehörige Objekte in Gruppen zusammen. Diese Zusammenstellung ergibt sich aus den Beziehungen der einzelnen Objekte zueinander. Damit enthalten Objekte andere Objekte als Instanzvariablen (z. B. Bestellsystem enthält Artikel, Maschine enthält Komponenten).
3. **Interaktion der Objekte:** Die Interaktion zweier Objekte beschreibt die Beziehung zwischen diesen Objekten. Die Aggregation beschreibt das Zusammensetzen eines Objektes aus anderen Objekten. Die Komposition ist ein Spezialfall einer Aggregation, bei der ein beschriebenes Objekt nur durch

gewisse Teilobjekte existiert (z. B. Maschine besteht aus Teilen, Container besteht aus Behältern, Behälter besteht aus Gegenständen).

4. **Beschreiben der Attribute der Objekte:** Die Attribute sind die individuellen Eigenschaften eines Objektes. Das Attribut ist ein Datenelement einer Klasse, das in allen Objekten vorhanden ist (z. B. Farbe eines Autos, Name eines Artikels).

5. **Beschreiben des Verhaltens der Objekte:** Das Verhalten eines Objektes wird durch Methoden innerhalb einer Klasse definiert, die jeweils auf einem Objekt dieser Klasse operieren. Die Methoden eines Objektes definieren eine zu erledigende Aufgabe (z. B. Algorithmus steuert Maschine, Kalkulation berechnet Preis eines Artikels).

Das Ergebnis dieser Analyse ist die obige Beschreibung mit Abbildungen der einzelnen Klassen (Kästchen) und deren Beziehungen untereinander (Linien und Text).

Beispiel 9.1. Wir modellieren eine Software für die Produktionsplanung einer Firma. Das Softwaresystem besteht aus einer Eingabemaske, in die der Kunde die Auftragsdaten und die Produktionsplanungsdaten eingibt. Die Auftragsdaten bestehen aus den einzelnen Artikeln. Die Produktionsmaschine und deren Konfiguration definieren die Produktionsplanung.

1. **Finden der Objekte:** Eingabemaske, Kunde, Auftrag, Artikel, Produktionsplanung, Produktionsmaschine, Konfiguration
2. **Organisation der Objekte:** Die Objekte werden in vier Gruppen aufgeteilt:
   (a) Eingabemaske
   (b) Kunde
   (c) Auftrag, Artikel
   (d) Produktionsplanung, Produktionsmaschine, Konfiguration
3. **Interaktion der Objekte:**
   • Kunde, Auftrag und Produktionsplanung werden eingegeben.
   • Artikel gehört zum Auftrag.
   • Produktionsmaschine ist Produktionsplanung zugeordnet.
   • Konfiguration wird von Produktionsplanung ausgewählt.
4. **Beschreibung der Attribute der Objekte:**
   • Kunde: Name, Adresse, Kundennummer
   • Artikel: Nummer, Name, Preis, Anzahl
   • Auftrag: Array von Artikel
   • Konfiguration: Maschinenparameter
   • Produktionsmaschine: Maschinenbezeichner, Laufzeit
   • Produktionsplanung: Produktionsmaschine, Konfiguration
5. **Beschreibung des Verhaltens der Objekte:**
   • Kunde: `getKundennummer()`, `getKunde()`, ...
   • Auftrag: `getAuftragswert()`, `getAnzahlauftraege()`, ...
   • Artikel: `getArtikelnummer()`, `getArtikelanzahl()`, ...

- Produktionsplanung: `getKonfiguration()`, ...
- Konfiguration: `getParameter()`, `setParameter()`, ...
- Produktionsmaschine: `getMaschinenbezeichner()`, ...

Die Abb. 9.1 zeigt ein Übersichtsdiagramm der objektorientierten Analyse dieser Planungssoftware.

▶ **ACHTUNG** Jede Klasse sollte nur eine Verantwortlichkeit und nur einen einzigen Grund zur Änderung besitzen. Teilen Sie eine Klasse auf, wenn diese mehrere Verantwortlichkeiten hat oder gewisse Methoden nur bestimmte Variablen benutzen. Erstellen Sie eine Klasse in der Form, dass diese möglichst mit wenigen anderen Klassen zusammenarbeitet, um das gewünschte Verhalten zu erreichen. Jede Klasse sollte eine überschaubare Anzahl von Instanzvariablen besitzen.

Arrays von Objekten

Die Definition eines Arrays vom Typ `Klassenname` erfolgt über die bereits beschriebene `for`-Schleife:

```
obj = [0 for i in range(anzahl)]
```

Mit dieser Anweisung ist zunächst nur ein Feld von Objekten der angegebenen Länge angelegt. Für jedes Element des Feldes ist ein Objekt vom Typ `Klassenname` zu definieren:

```
obj[i] = Klassenname(parameterliste)
```

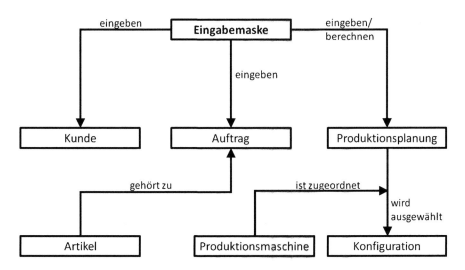

Abb. 9.1 Objektorientierte Analyse einer Planungssoftware

Das Anlegen dieser Objekte mittels Aufruf eines passenden Konstruktors erfolgt meistens über eine `for`-Schleife. Der Zugriff auf eine Instanzvariable `var` des *i*-ten Objektes funktioniert mit `obj[i].var`. Die Anzahl der Elemente in einem Feldobjekt erhalten wir mit der Methode `len(obj)`.

Beispiel 9.2. Für die Klasse `Adresse` und `Person` legen wir zwei Felder von Adress- bzw. Personenobjekten an. Damit können wir flexibel diese Objekte an andere Komponenten des Programms weitergeben und verarbeiten.

```
1 from Person import Person
2 from Adresse2 import Adresse
3
4 # Definition von Adressen
5 add = [0 for i in range(0,2)]
6 add[0] = Adresse("Schätzlestrasse", 10, 78534, "Schwabingen")
7 add[1] = Adresse("Kronenstrasse", 6, 20459, "Hamburg")
8
9 # Definition von Personen
10 pers = [0 for i in range(0,2)]
11 pers[0] = Person("Paul", "Müllerle", add[0])
12 pers[1] = Person("Ute", "Schmitt", add[1])
13
14 # Ausgabe der Informationen
15 for p in pers:
16     print(p.getAnschrift())
17 print("Anzahl der Personen: " + str(Person.getAnzahl()))
```

Ausgabe:

```
Müllerle Paul, Schätzlestraße 10, 78534 Schwabingen
Schmitt Ute, Katharinenstraße  6, 20459 Hamburg
Anzahl der Personen: 2
```

Anstatt eines statischen Arrays können Sie eine dynamische Datenstruktur verwenden:

```
liste = []
```

Mit der bereits beschriebenen Methode `append()` werden Objekte in das Array hinzugefügt. Die einzelnen Objekte sind mit folgendem Schleifenkonstrukt durchlaufbar:

```
for elem in liste:
    ...
```

Für das obige Beispiel erhalten wir den folgenden Code zum Erzeugen von Adressen und Personen:

```
 1 from Person import Person
 2 from Adresse2 import Adresse
 3
 4 # Definition von Adressen
 5 add = []
 6 add.append(Adresse("Schätzlestrasse", 10, 78534, "Schwabingen"))
 7 add.append(Adresse("Kronenstrasse", 6, 20459, "Hamburg"))
 8
 9 # Definition von Personen
10 pers = []
11 pers.append(Person("Paul", "Müllerle", add[0]))
12 pers.append(Person("Ute", "Schmitt", add[1]))
13
14 # Ausgabe der Informationen
15 for p in pers:
16     print(p.getAnschrift())
17 print("Anzahl der Personen: " + str(Person.getAnzahl()))
```

Ausgabe:

```
Müllerle Paul, Schätzlestraße 10, 78534 Schwabingen
Schmitt Ute, Katharinenstraße  6, 20459 Hamburg
Anzahl der Personen: 2
```

Die Beispiele

Beispiel 9.3 (Klasse Personal). Wir schreiben eine Klasse `Personal` zum Verwalten von Mitarbeitern einer Firma. Die Instanzvariablen sind ein Feld von Personen vom Datentyp `Person` und ein Array von Personalnummern mit dem Namen `nummer`. Die Klasse soll in der Lage sein, aus der Personalnummer das zugehörige Gehalt zu bestimmen. Alle Personen mit einer Nummer kleiner als 100 verdienen 3000 Euro und alle anderen nur 2000 Euro pro Monat.

```
 1 class Personal:
 2
 3     # Konstruktor
 4     def __init__(self, person, nummer):
 5         self.__person = person
 6         self.__nummer = nummer
 7
 8     # Methoden
 9     def getPerson(self, i):
10         return self.__person[i]
11
12     def getGehalt(self, i):
13         if self.__nummer[i] < 100:
14             return 3000
15         else:
16             return 2000
```

Allgemeine Erklärung:

- Zeile 4–6: Definition der nicht-öffentlichen Instanzvariablen der Klasse `Personal` aus dem Array-Objekt `person` vom Typ `Person` und dem `int`-Array `nummer` im Konstruktor.
- Zeile 9–10: Rückgabe des *i*-ten Objektes vom Typ `Person`.
- Zeile 12–16: Rückgabe des Gehaltswertes der *i*-ten Person.

Für das Testen dieser Klasse schreiben wir das folgende Programm:

```
1 from Personal import Personal
2 from Person import Person
3
4 # Definition von Personen
5 per = []
6 per.append(Person("Müller", "Erich", Adnesse("Weg", 1, 12345, "Stadt"))))
7 per.append(Person("Schulz", "Franz", Adnesse("Weg", 5, 12345, "Stadt"))))
8 per.append(Person("Schmid", "Jutta", Adnesse("Weg", 7, 12345, "Stadt"))))
9
10
11 # Definition von Personal
12 p1 = Personal(per, [12, 432, 23])
13 for i in range(len(per)):
14     print(p1.getPerson(i).getAnschrift(), "hat mtl. Gehalt =", \
15         p1.getGehalt(i), "Euro")
```

Ausgabe:

```
Erich Müller, Weg 1, 12345 Stadt hat mtl. Gehalt = 3000,00 Euro
Franz Schulz, Weg 5, 12345 Stadt hat mtl. Gehalt = 2000,00 Euro
Jutta Schmid, Weg 7, 12345 Stadt hat mtl. Gehalt = 3000,00 Euro
```

Beispiel 9.4 (Preiskategorien und Schrauben). Ein Hersteller von Schrauben will seine Produkte nach dem folgenden Schema einordnen:

- Schrauben mit einem Durchmesser bis zu 3 mm und einer Länge bis zu 20 mm haben den Preis 30 Cent.
- Schrauben mit einem Durchmesser zwischen 3 und 5 mm und einer Länge zwischen 20 und 30 mm haben den Preis 40 Cent.
- Schrauben mit einem Durchmesser zwischen 5 und 6 mm und einer Länge zwischen 20 und 30 mm haben den Preis 60 Cent.
- Schrauben mit einem Durchmesser zwischen 6 und 15 mm und einer Länge zwischen 30 und 50 mm haben den Preis 80 Cent.
- Schrauben mit einem Durchmesser zwischen 15 und 20 mm und einer Länge zwischen 30 und 50 mm haben den Preis 90 Cent.

Die Aufgabe besteht darin, den richtigen Preis einer Schraube für einen angegebenen Durchmesser und eine Länge zu ermitteln. Falls eine Schraube keiner der oben beschriebenen Kategorien angehört, erfolgt die Ausgabe der Meldung „Unbekannter Schraubentyp".

Wir erstellen ein objektorientiertes Programm, bei dem wir zusammengehörige Daten und die darauf arbeitende Programmlogik zu einer Einheit zusammenfassen. In der realen Welt existiert eine Preisgruppe für Schraubentypen, die wir mit der Klasse Preisgruppe darstellen. Die Attribute in Form von Instanzvariablen sind neben dem Preis, die Unter- und Obergrenzen für den Durchmesser und die Länge. Mit dieser Modellierung erhalten wir einen gut erweiterbaren, modularen und wiederverwendbaren Programmcode.

```
 1 class Preisgruppe:
 2
 3     # Konstruktor
 4     def __init__(self, uD, oD, uL, oL, preis):
 5         self.uD = uD
 6         self.oD = oD
 7         self.uL = uL
 8         self.oL = oL
 9         self.preis = preis
10
11     # Prüfung des Preises des Produktes mit Durchmessser d und Laenge l
12     def pruefePreis(self, d, l):
13         if (d > self.uD) and (d <= self.oD) and (l > self.uL)
14                            and (l <= self.oL):
15             return True
16         else:
17             return False
18
19     # Rückgabe des Preises
20     def getPreis(self):
21         return self.preis
```

Allgemeine Erklärung:

- Zeile 4–9: Definition der Instanzvariablen für den unteren und oberen Durchmesser (uD, oD), für die untere und obere Länge (uL, oL) und den Preis preis im Konstruktor.
- Zeile 12–16: Prüfen, ob der übergebene Durchmesser und die Länge zu der Preisgruppe gehören. Diese Methode vergleicht dazu die beiden Parameter mit ihren eigenen Attributen.
- Zeile 19–20: Rückgabe des Wertes der Variable preis.

In der Klasse Schrauben definieren wir fünf Preisgruppen-Objekte in Form eines Arrays vom Typ Preisgruppe. Anschließend durchlaufen wir alle Preisgruppen und vergleichen, ob der zu testende Durchmesser und die zu testende Länge vorhanden sind.

```
 1 from Preisgruppe import Preisgruppe
 2
 3 # ----------- Eingabe ------------
 4 # --- 1. Durchmesser
 5 durchmesser = 5.5
 6
 7 # --- 2. Laenge
 8 laenge = 23
 9
10 # --------------------------------------------
11 # --- 1. Definition der Preisgruppen
12 pg = [0 for i in range(5)]
13 pg[0] = Preisgruppe(0, 3, 0, 20, 0.30)
14 pg[1] = Preisgruppe(3, 5, 20, 30, 0.40)
15 pg[2] = Preisgruppe(5, 6, 20, 30, 0.60)
16 pg[3] = Preisgruppe(6, 15, 30, 50, 0.80)
17 pg[4] = Preisgruppe(15, 20, 30, 50, 0.90)
18
19 # --- 2. Bestimmung des aktuellen Preises
20 preis = -1
21 for p in pg:
22     if p.pruefePreis(durchmesser, laenge):
23         preis = p.getPreis()
24         break
25
26 # --- 3. Ausgabe
27 if preis >= 0:
28     print("Der Preis beträgt", preis, "Euro.")
29 else:
30     print("Der Preis ist unbekannt")
```

Ausgabe:

Der Preis beträgt 0,6 Euro.

Allgemeine Erklärung:

1. Zeile 5–8: Definition der Eingabegrößen in Form von Durchmesser und Länge.
2. Zeile 12–17: Definition der einzelnen Preisgruppen durch die gegebenen Intervalle.
3. Zeile 20–24: Bestimmen des Preises durch Prüfen, ob die gegebenen Parameter zu einer gegebenen Preisgruppe passen.
4. Zeile 27–30: Ausgabe des Preises durch eine formatierte Ausgabe auf der Konsole.

Die objektorientierte Implementierung besitzt hier zahlreiche Vorteile: Die Methode pruefePreis() existiert im Zusammenhang mit einem Objekt der Klasse Preisgruppe. Auf die üblichen verschachtelten if-elif-Schleifen können wir damit verzichten. Änderungen, wie beispielsweise durch Hinzufügen oder Weglassen von Gleichheitszeichen in der if-Abfrage, benötigen nur eine Modifikation statt fünf. In der Methode getPreis() können wir leicht Änderungen, wie ein Steueraufschlag ergänzen. Weiterhin sind wir in der Lage, problemlos neue Preisgruppen zu ergänzen, ohne den Programmcode eventuell fehlerhaft zu machen. Mit der Gliederung des Programms in zwei Teilklassen ist die Klasse `Preisgruppe` für andere Produkte leicht wiederverwendbar.

Die Zusammenfassung

1. Selbstdefinierte Datenklassen sind in anderen Klassen in Form von Arrays mit fest definierter Länge oder als dynamische Liste verwendbar.
2. Mit Hilfe der objektorientierten Analyse modellieren wir Klassen durch kooperierende Objekte.
3. Die *Aggregation* beschreibt das Zusammensetzen eines Objektes aus anderen Objekten.
4. Die *Komposition* ist ein Spezialfall einer Aggregation mit Abhängigkeiten zwischen den Objekten, sodass ein beschriebenes Objekt nur durch gewisse Teilobjekte existiert.

Die Übungen

Aufgabe 9.1 (Klasse Schreinerei). Implementieren Sie eine Klasse `Auftrag` mit der Instanzvariable `artikel` als Artikelliste in Form einer dynamischen Liste mit Elementen vom Typ `Schrank` und einer statischen Variable `mwst` für den aktuellen Mehrwertsteuersatz.[1] Erstellen Sie neben einem leeren Konstruktor die folgenden Methoden:

- `add(schrank)`
  Hinzufügen eines neuen Schrankes.
- `getAuftragswertMitSteuer()`
  Berechnen des Gesamtwertes des Auftrags.
- `getAuftragswertOhneSteuer()`
  Berechnen des Gesamtwertes des Auftrags ohne die Mehrwertsteuer.
- `getAuftragsliste()`
  Rückgabe der Auftragsliste als Zeichenkette.
- `getAnzahl()`
  Rückgabe der Anzahl der Artikel im Auftrag.

Testen Sie diese Klasse durch eine Klasse `Schreinerei` mit der Definition von mehreren Aufträgen in Form eines Arrays.

---

[1] Klasse `Schrank` wurde als Übung in Kap. 8 erstellt. Diese Klasse muss sich im aktuellen Projektordner befinden.

Hinweis: Beachten Sie, dass in allen Methoden wie immer als ersten Parameter `self` anzugeben ist.

Aufgabe 9.2 (Klasse Klausur). Implementieren Sie eine Klasse `Klausur` mit den Instanzvariablen `fachbezeichnung` für die Fachbezeichnung, `semesterKuerzel` für die Semesterbezeichnung und `note` für die Note. Erstellen Sie neben einem passenden Konstruktor noch die folgenden Methoden:

* `getDaten()`
  Rückgabe der vollständigen Klausurdaten als Zeichenkette.
* `getNote()`
  Rückgabe der Note.

Aufgabe 9.3 (Klasse Student). Implementieren Sie eine Klasse `Student` mit den Instanzvariablen `matrikelNr` für die Matrikelnummer, `nachName` für den Nachnamen, `vorName` für den Vornamen und `klausurListe` als Klausurliste in Form einer dynamischen Liste mit Elementen vom Typ `Klausur`. Erstellen Sie neben einem passenden Konstruktor noch die folgenden Methoden:

* `pruefeMatrikel(matrikel)`
  Prüfen, ob die aktuelle Matrikelnummer mit einer übergebenen Matrikelnummer übereinstimmt.
* `addKlausur(klausur)`
  Hinzufügen einer neuen Klausur in die Klausurliste.
* `schreibeDaten()`
  Ausgabe aller Klausurergebnisse und der resultierenden Durchschnittsnote.

Aufgabe 9.4 (Klasse Prüfungsamt). In einer gegebenen Datei stehen unter anderem die folgenden Informationen:

```
34187, Meyer, Peter, Mathematik 1, SoSe 2016, 1.7
57894, Peters, Fredericke, Physik 2, WiSe 2016/17, 2.3
34187, Meyer, Peter, Mathematik 2, WiSe 2016/17, 2.3
. . .
```

Implementieren Sie eine Klasse `Pruefungsamt` mit der Instanzvariablen `studentenListe` als Studentenliste in Form einer dynamischen Liste mit Elementen vom Typ `Student`. Erstellen Sie neben einem passenden Konstruktor noch die folgenden Methoden:

* `schreibeDaten()`
  Ausgabe der vollständigen Studentenliste.
* `findeStudent(matrikel)`
  Gibt den Studenten mit der angegebenen Matrikelnummer zurück oder null, falls dieser nicht vorhanden ist.

- `getStudent(matrikel, vorname, nachname)`
  Gibt den Studenten mit der gegebenen Matrikelnummer zurück. Falls dieser nicht vorhanden ist, wird er mit der Klasse `Student` mit den drei Werten `matrikel, vorname, nachname` angelegt, der Studentenliste hinzugefügt und zurückgegeben.
- `schreibeNotenliste(student)`
  Schreiben aller Klausurergebnisse des angegebenen Studenten in eine Textdatei mit Namen *Notenliste_matrikelnummer_nachname_vorname*.
- `leseDaten()`
  Einlesen der Daten der Klausuren aus einer Datei und Zuordnen zu den Studenten mit Hilfe der Methode `getStudent()`.

Weiterführende Programmierkonzepte 10

In diesem Abschnitt besprechen wir einige wichtige weiterführende Programmierkonzepte in Python:

- Exception: Strukturierte Behandlung von Laufzeitfehlern
- Enum: Datentypen mit konstanten Wertebereichen
- Dictionaries: Datentypen in Form von Wörterbüchern

Exception

Die Exception (Ausnahme) stellt ein Verfahren zum strukturierten Behandeln von Laufzeitfehlern dar. Beispiele sind das Nichtauffinden einer Datei, eine Division durch Null oder ein Array-Zugriff außerhalb der Grenzen. Bei dieser Fehlerbehandlung wird der Fehler in Form einer Exception abgefangen, an eine andere Stelle im Programm weitergereicht und dort auf die gewünschte Art und Weise behandelt. Mit dem Trennen von Fehlerauslöser und Fehlerbehandlung gestaltet sich der Quellcode wesentlich übersichtlicher.

Ablauf einer Exception-Behandlung

Eine Exception ist ein Objekt, das Attribute und Methoden für die Klassifikation und Behandlung eines Fehlers enthält. In Python existieren eine große Anzahl von Exceptions, wie beispielsweise `SyntaxError`, `ValueError` oder `TypeError`. Diese eingebauten Exceptions sind hierarchisch organisiert und basieren alle auf der Basisklasse `BaseException`. Alle eingebauten Exception-Typen finden Sie unter https://docs.python.org/3/library/exceptions.html.

Die Behandlung einer Exception beginnt mit dem Auftreten eines Laufzeitfehlers. Das Abfangen von Exceptions besteht aus zwei Blöcken, die mit den

© Springer Fachmedien Wiesbaden GmbH, ein Teil von Springer Nature 2020
S. Dörn, *Python lernen in abgeschlossenen Lerneinheiten*,
https://doi.org/10.1007/978-3-658-28976-8_10

Schlüsselwörtern `try` und `except` einzuleiten sind. Der `try`-Block überwacht das Auftreten von Exceptions in dem auszuführenden Code. Auf einen `try`-Block folgen ein oder mehrere `except`-Blöcke, die auf unterschiedliche Art und Weise die verschiedenen Fehlertypen behandeln. Nach dem Exception-Typ ist optional das Schlüsselwort `as` mit einem frei wählbaren Bezeichner für den Namen der Exception-Instanz definierbar:

```
try:
    # Überwachen der Anweisungen
except ExceptionTyp1 as Bezeichner:
    # Fehlerbehandlung 1
except ExceptionTyp2 as Bezeichner:
    # Fehlerbehandlung 2
except ExceptionTyp3 as Bezeichner:
    # Fehlerbehandlung 3
```

Beim Auftreten einer Exception im `try`-Block unterbricht das Programm sofort seine Abarbeitung. Anschließend prüft der Compiler der Reihe nach alle `except`-Klauseln. Hierbei wird die erste übereinstimmende Klausel ausgewählt und die zugehörige Fehlerbehandlung durchgeführt. Wenn keine `except`-Klausel mit dem Exception-Typ übereinstimmt, bricht das Programm mit einer Fehlermeldung ab. Um mehrere Ausnahmen auf einmal aufzufangen, sind die Exception-Typen E1, E2, . . ., En als Tupel in runden Klammern anzugeben:

```
try:
    # Überwachen der Anweisungen
except (E1, E2, ..., En) as e
    # Fehlerbehandlung
```

Jedes Exception-Objekt e besitzt die Methode `args` zur Rückgabe eines Fehlertextes in Form eines Tupels. Mit `args[0]`, `args[1]` usw. erhalten Sie die Einträge dieses Tupels.

Beispiel 10.1. Wir demonstrieren eine Exception-Behandlung an der Methode `int()` zum Umwandeln einer Zeichenkette in eine Zahl:

```
1  s = "10+"
2
3  try:
4      zahl = int(s)
5      print(zahl)
6  except ValueError as e:
7      print("ValueError abgefangen:", e.args[0])
8  except TypeError as e:
9      print("TypeError abgefangen:", e.args[0])
10 except BaseException as e:
11     print("BaseException abgefangen:", e.args[0])
```

Ausgabe:

```
ValueError abgefangen: invalid literal for int()
                 with base 10: '10+'
```

Allgemeine Erklärung: Die Methode int() löst bei einer fehlerhaften Eingabe eine Exception vom Typ ValueError aus. Das Programm wählt in der Ausnahmebehandlung die erste catch-Klausel aus.

▶ **ACHTUNG** Eine allgemeine Exception vom Typ BaseException darf immer nur als letzte Klausel stehen, da ansonsten alle nachfolgenden Klauseln unerreichbar sind. Ein leerer except-Block führt zu einem IndentationError.

Beim sofortigen Beenden der Methoden werden weitere wichtige Anweisungen (z. B. Schließen einer Datei) nicht mehr ausgeführt. Für das Ausführen von Abschlussarbeiten wird an den try-except-Block ein optionaler finally-Block angehängt. Ein weiterer optionaler else-Block enthält Code, der nur dann ausgeführt wird, wenn keine Exception abgefangen wurde.

```
try:
    # Code der Anweisungen überwacht
except ExceptionTyp1 as e:
    # Code der Fehler vom ExceptionTyp1 behandelt
except ExceptionTyp2 as e:
    # Code der Fehler vom ExceptionTyp2 behandelt
else:
    # Code der bei keiner Exception-Behandlung
      ausgeführt wird
finally:
    # Code der immer ausgeführt wird
```

Der finally-Block wird in den folgenden Fällen aufgerufen:

• Das Ende des try-Blocks ist erreicht.
• Eine Ausnahme ist aufgetreten, die durch eine except-Klausel behandelt wurde.
• Eine Ausnahme ist aufgetreten, die nicht durch eine except-Klausel behandelt wurde.
• Der try-Block wird durch eine Sprunganweisung verlassen.

Eigene Exception erstellen

In vielen Anwendungsfällen ist es sinnvoll eigene Exception-Typen zu erstellen. In diesem Fall müssen Sie eine eigene Exception-Klasse erstellen, die von der

Exception-Basisklasse `Exception` erbt. Die Syntax für das Erstellen eines neuen
Exception-Typs sieht wie folgt aus:

```
class EigeneException(Exception):
   def __init__(self, par1, par2, ...)
      self.par1 = par1
      self.par2 = par1
      ...
```

Mit Hilfe der `raise`-Anweisung wird eine Exception vom angegebenen Typ
geworfen:

```
raise ExceptionTyp(...)
```

Beispiel 10.2. Wir betrachten eine Exception-Behandlung bei einer Division
durch null. Hierfür erstellen wir zunächst eine eigene Exception mit dem Namen
`DivisionException`:

```
1 class DivisionException(Exception):
2     def __init__(self, zaehler, nenner):
3         self.zaehler = zaehler
4         self.nenner  = nenner
```

Im Anschluss daran erstellen wir eine Methode `division()` die einen unzulässi-
gen Nenner erkennt, eine Exception vom Typ `DivisionException` erzeugt und
diese mit `raise` an die aufrufende Methode weitergibt:

```
1 from Exception2 import DivisionException
2
3 def division(zaehler, nenner):
4     if nenner == 0.0:
5         raise DivisionException(zaehler, nenner)
6     else:
7         return zaehler/nenner
```

Das Anwenden der Methode `division()` erfolgt in einem `try-except`-Block:

```
8
9 try:
10     print(division(10,3))
11     print(division(10,0.0))
12 except DivisionException as e:
13     print("DivisionException abgefangen mit Zaehler =", e.zaehler, " \
14           und Nenner =", e.nenner)
```

Ausgabe:

```
3.333333333333335
DivisionException abgefangen mit Zaehler = 10
und Nenner = 0.0
```

Aufzählungstyp Enum

In praktischen Anwendungen finden sich häufig Datentypen mit einem kleinen konstanten Wertevorrat. Beispiele dafür sind Wochennamen, Monatsnamen oder Anredeformen. Ein Aufzählungstyp ist ein Datentyp, dessen Wertebereich einer Menge von symbolischen Konstanten entspricht. In Python können Sie diese Art von Datentypen mit dem Modul enum definieren:

```
import enum
class Typname(enum.Enum):
  symbol1 = wert1
  symbol2 = wert2
  ...
```

Der Zugriff auf die Parameterwerte erfolgt mit dem Typname, gefolgt von einem Punkt und der jeweiligen symbolischen Konstante:

```
Typname.symbol
```

Alternativ kann auch der Zugriff über den Wert der symbolischen Konstante erfolgen:

```
Typname(wert)
```

Auf den Namen kann über das Attribut name zugegriffen werden:

```
Typname.symbol.name
```

Beispiel 10.3. Definition eines Aufzählungstyps Note mit fünf verschiedenen Werten.

```
1 import enum
2
3 class Note(enum.Enum):
4     sehr_gut    = 1
5     gut         = 2
6     befriedigend = 3
7     ausreichend = 4
8     mangelhaft  = 5
```

Das folgende Programm wandelt die Notenbezeichnungen in Notenwerte um:

```
 1 from Enum1 import Note
 2
 3 print("Anzahl der Elemente:", len(Note))
 4 for note in Note:
 5     if note.name == "sehr_gut":
 6         wert = 1
 7     elif note.name == "gut":
 8         wert = 2
 9     elif note.name == "befriedigend":
10         wert = 3
11     elif note.name == "ausreichend":
12         wert = 4
13     else:
14         wert = 5
15     print(note, ": Name =", note.name, "=", wert)
```

Ausgabe:

```
Anzahl der Elemente: 5
Note.sehr_gut : Name = sehr_gut = 1
Note.gut : Name = gut = 2
Note.befriedigend : Name = befriedigend = 3
Note.ausreichend : Name = ausreichend = 4
Note.mangelhaft : Name = mangelhaft = 5
```

Dictionaries

Dictionaries sind Wörterbücher, mit denen es möglich ist, Daten zu gliedern und darauf zuzugreifen. Ein Dictionary wird mit geschweiften Klammern geschrieben:

```
>>> auto = {'Typ': 'VW', 'Farbe': 'blau', 'Preis': 12298}
```

Die Schlüssel in diesem Dictionary sind 'Typ', 'Farbe' und 'Preis' mit den Werten 'VW', 'blau' und 12298. Mit dem Schlüssel wird auf die Werte zugegriffen:

```
>>> auto['Typ']
'VW'
```

Der Operator len(d) liefert die Anzahl der Elemente in einem Dictionary d. Mit dem Operator del d[k] wird der Schlüssel k mit seinem Wert gelöscht. Ein leeres Dictionary wird mit dic = {} angelegt. Dictionaries sind im Gegensatz zu Listen nicht geordnet. Ob ein Schlüssel im Dictionary vorhanden ist, können Sie mit dem Schlüsselwort in herausfinden:

```
>>> 'Farbe' in auto
True
```

Die Methode get() bekommt zwei Argumente, den Schlüssel des abzurufenden Wertes und einen Standardwert, der zurückgegeben wird, wenn es den Schlüssel nicht gibt:

```
>>> auto.get('PS', 90)
90
```

Mit der Methode setdefault() können Sie in einem Dictionary nach einem Schlüssel suchen, sodass dieser nur dann einen Wert bekommt, wenn er noch keinen hat. Das erste Argument ist der gesuchte Schlüssel und das zweite Argument legt den Wert fest, falls der Schlüssel noch nicht existiert. Falls der Schlüssel vorhanden ist, wird der bestehende Wert zurückgegeben:

```
>>> auto.setdefault('PS', 90)
90
```

Die Methode keys() liefert den Schlüssel, values() den Wert und items das Schlüssel-Wert-Paar in einer for-Schleife:

```
for v in auto.keys():
    print(v)
```

Ausgabe:

```
Typ
Farbe
Preis
```

```
for v in auto.values():
    print(v)
```

Ausgabe:

```
VW
blau
12298
90
```

Mit Hinzufügen von list() wird das Ergebnis in einer Liste gespeichert. Mit den bekannten Operatoren in und not in können Sie prüfen, ob ein Schlüssel oder Wert in dem Dictionary existiert. Das Löschen eines Schlüssel-Wert-Paares erfolgt mit der Methode pop():

```
>>> auto.pop('PS')
{'Typ': 'VW', 'Farbe': 'blau', 'Preis': 12298}
```

Anhang A

Python-Schlüsselwörter

and	Logisches UND
as	Erzeugen eines Alias
assert	Prüfen des Wahrheitsgehaltes einer als wahr angenommenen Bedingung
break	Herausspringen aus Schleifen oder der switch-Anweisung
class	Deklaration einer Klasse
continue	Erzwingen des Endes der aktuellen Schleifeniteration
def	Definition einer Funktion
del	Freigeben einer Instanz
elif	Teil einer if else-Anweisung
except	Abfangen einer Exception
False	Wahrheitswert für falsch
finally	Ausführungsblock bei Exception-Behandlung
for	Definition einer Schleife
from	Einbinden von Modulen in den globalen Namensraum
global	Zugriff auf globalen Namensraum
if	Bedingte Anweisung
import	Einbinden von Modulen
in	Prüfen ob Instanz in einem iterativen Objekt enthalten ist
is	Vergleich auf Identitätengleichheit
lamda	Definition einer anonymen Funktion
None	Instanz des Nichts
nonlocal	Zugriff auf übergeordnete Namensräume
not	Logische Verneinung
or	Logisches ODER
pass	Anweisung die nichts macht
raise	Werfen einer Exception

© Springer Fachmedien Wiesbaden GmbH, ein Teil von Springer Nature 2020
S. Dörn, *Python lernen in abgeschlossenen Lerneinheiten*,
https://doi.org/10.1007/978-3-658-28976-8

`return`	Anweisungen für den Rücksprung aus einer Funktion
`True`	Wahrheitswert für wahr
`try`	Ausnahmeblock bei einer Exception-Behandlung
`while`	Definition einer Schleife
`with`	Übertragen einer Aufgabe an ein Kontextobjekt
`yield`	Erzeugen von Generatoren

Wichtige Module

Im Folgenden stellen wir kurz einige zentrale Module für Python vor, welches das Programmieren in Python erheblich erleichtert. Weiterführende Informationen in Form von einigen Jupyter-Notebooks können Sie sich von meiner Webseite https://sebastiandoern.de herunterladen.

Datenstrukturen

Modul datetime
```
import datetime
```

Das Modul eignet sich sehr gut für das Verarbeiten von Kalenderdaten und kalendarischen Berechnungen. Dieses Modul besitzt verschiedene Arten von Datentypen für das Anlegen eines Datums mit einer Uhrzeit. Die einzelnen `datetime`-Instanzen können miteinander verrechnet und verglichen werden.

Weitere Informationen: https://docs.python.org/3/library/datetime.html

Modul NumPy
```
import numpy
```

NumPy (Numerical Python) ist ein elementares Paket für das Manipulieren von Arrays und für das wissenschaftliche Rechnen (z. B. Matrizenoperationen, Lösen von Gleichungssystemen, Berechnen von Eigenwerten und Determinanten, u.v.m.). Der Datentyp ndarray von Numpy ist ein mehrdimensionales Array, das vektorisierte arithmetische Operationen besitzt. Auf dem NumPy-Paket bauen viele weitere Module in Python auf, die insbesondere in der Datenanalyse hilfreich sind. Das NumPy-Modul ist ein zentraler Bestandteil der SciPy-Bibliothek (https://www.scipy.org/) für die numerische Optimierung, numerische Integration, Interpolation, Signalverarbeitung, Bildverarbeitung, FFT, numerische Integration gewöhnlicher Differentialgleichungen und symbolischer Mathematik.

Weitere Informationen: https://docs.scipy.org/doc/numpy/reference/

Modul pandas
```
import pandas
```

Die Bibliothek Pandas basiert auf NumPy und enthält leistungsfähige Datenstrukturen und Funktionen zur Manipulation von Daten. Pandas enthält mit Series (eindimensionales Array) und DataFrame (tabellarische Datenstruktur) zwei zentrale Datenstrukturen, die im Rahmen einer Datenanalyse sehr hilfreich sind (z. B. statistische Auswertungen, Bearbeiten von fehlenden Daten, Kombinieren von Datensätzen, u.v.m.).

Weitere Informationen: https://pandas.pydata.org/pandas-docs/stable/

Dateiverarbeitung

Modul docx
Drittanbietermodul: `pip install python-doc`

```
import docx
```

Das verwendete Dateiformat von Microsoft Word ist Open XML. Dieses Format speichert Inhalte und Metadaten von Word-Dateien in einer XML-Datei. In Python lassen sich Word-Dateien lesen, schreiben und bearbeiten mit dem Modul python-docx.

Weitere Informationen: https://python-docx.readthedocs.io/en/latest/index.html#

Modul PyPDF2
Drittanbietermodul: `pip install PyPDF2`

```
import docx
```

Das Dateiformat PDF (Portable Document Format) ist ein plattformunabhängiges Dateiformat für Dateien, die unabhängig vom ursprünglichen Anwendungsprogramm originalgetreu wiedergegeben werden. Mit dem Drittanbietermodul PyPDF2 ist es möglich Texte, Bilder und Metainformationen aus PDFs auszulesen und zu neuen PDF-Dateien zusammenzufügen.

Weitere Informationen: https://pythonhosted.org/PyPDF2/

Diagramme und Bilder

Modul matplotlib
```
import matplotlib.pyplot as plt
```

Visualisierungen durch Plots sind eines der wichtigsten Aufgaben in der Datenanalyse, um sich einen Überblick über die Datenbasis zu schaffen und die notwendigen Datenmodelle zu entwickeln. Python bietet mit dem Modul matplotlib eine riesige Anzahl von möglichen Plotarten an. Die Nutzung ist einfach: Auf die untere Webseite gehen, das passende Diagramm auswählen, den zugehörigen Programmcode kopieren und mit den eigenen Daten verknüpfen.

Weitere Informationen: https://matplotlib.org/users/pyplot_tutorial.html

Modul pillow

Drittanbietermodul: `pip install pillow`

`from PIL import Image`

Mit dem externen Modul pillow ist in Python eine Bearbeitung von Bildern möglich, wie beispielsweise das Beschneiden, Kopieren, Drehen oder Spiegeln von Bildern. Mit dem Modul lassen sich auch Bilder mit verschiedenen Formen und Text erstellen.

Weitere Informationen: https://pillow.readthedocs.io/en/stable/

Modul OpenCV

Drittanbietermodul: `pip install opencv-python`

`import cv2`

OpenCV ist eine umfangreiche Programmbibliothek mit Algorithmen für die Bildverarbeitung und das maschinelle Sehen. Die Bibliothek besteht aus einer großen Anzahl von verschiedenen Filter, Klassifizierungs- und Segmentierungsverfahren, sowie u. a. auch Algorithmen für die Gesichtserkennung und Gestenerkennung.

Weitere Informationen: https://opencv-python-tutroals.readthedocs.io/en/latest/

GUI-Automatisierung

Modul pyautogui

Drittanbietermodul: `pip install pyautogui`

`import pyautogui`

Ein zentrales Werkzeug für das Automatisieren von Routineaufgaben sind selbst geschriebene Programme, mit denen Tastatur und Maus steuerbar sind. Diese Programme können alles das tun, was ein Mensch am PC tun kann, wie beispielsweise ERP-Daten eintragen, Webformulare ausfüllen oder Informationen suchen.

Weitere Informationen: https://pyautogui.readthedocs.io/en/latest/

Emails senden

Viele Routineaufgaben im Zusammenhang mit E-Mails lassen sich mit Hilfe von Python in wenigen Zeilen automatisieren. Anwendungen sind das Herausfiltern von Informationen aus bestimmten Standardmails, das Senden von Textpassagen und Dokumenten an Kundenadressen oder das automatische Verschicken von Informationsmails bei abgeschlossenen Vorgängen.

E-Mails mit IMAP abrufen

Drittanbietermodul: `pip install imapclient`
Drittanbietermodul: `pip install pyzmail36`

```
import IMAPClient
import pyzmail
```

    Weitere Informationen: https://imapclient.readthedocs.io/en/2.1.0/

E-Mails mit SMTP senden

```
import smtplib
```

    Weitere Informationen: https://docs.python.org/3/library/smtplib.html

Modul math

Das math-Modul enthält unter anderem die folgenden mathematischen Funktionen:

e	Eulersche Zahl e
pi	Kreiszahl π
isfinite(a)	Prüft, ob die Zahl a endlich ist
isnan(a)	Prüft, ob die Zahl a den Wert nan hat
ceil(a)	Aufrunden einer Zahl a auf die nächstgrößere ganze Zahl
floor(a)	Abrunden einer Zahl a auf die nächstkleinere ganze Zahl
round(a)	Kaufmännisches Runden einer Zahl a
fabs(a)	Bestimmt den Betrag des Wertes von a
log(a)	Logarithmus einer Zahl a
log2(a)	Logarithmus einer Zahl a zur Basis 2
log10(a)	Logarithmus einer Zahl a zur Basis 10
log(a,b)	Logarithmus einer Zahl a zur Basis b
exp(a)	Exponentialfunktion zur Basis e hoch a
pow(a,b)	Potenz von a hoch b
fmod(a,b)	Moduloperator a Modulo b
factorial(a)	Fakultät einer Zahl a
fsum(a)	Summe in der Liste/Tupel a
sqrt(a)	Quadratwurzel von Zahl a
sin(a)	Sinus von a im Bogenmaß
cos(a)	Kosinus von a im Bogenmaß
tan(a)	Tangens von a im Bogenmaß
asin(a)	Arkussinus von a im Bogenmaß
acos(a)	Arkuskosinus von a im Bogenmaß
atan(a)	Arkustangens von a im Bogenmaß
sinh(a)	Sinus Hyperbolicus von a im Bogenmaß
cosh(a)	Kosinus Hyperbolicus von a im Bogenmaß
tanh(a)	Tangens Hyperbolicus von a im Bogenmaß
asinh(a)	Arkussinus Hyperbolicus von a im Bogenmaß
acosh(a)	Arkuskosinus Hyperbolicus von a im Bogenmaß

`atanh(a)`   Arkustangens Hyperbolicus von a im Bogenmaß
`atan2(a)`   Arkustangens `atan(a)`

Codierungsregeln

1. **Groß- und Kleinschreibung beachten:** Schreiben Sie Variablen- und Methodennamen klein und Klassennamen mit einem Großbuchstaben. Für die bessere Lesbarkeit sollten Sie alle Wortanfänge im Namen groß schreiben. Konstanten bestehen in der Regel vollständig aus Großbuchstaben.
2. **Aussagekräftige Variablennamen:** Benennen Sie Variablen, Methoden und Klassen mit konsistenten, aussagekräftigen, aussprechbaren und unterscheidbaren Namen. Verwenden Sie kurze Verben oder Verben plus Substantive für Methodennamen (z. B. `schreibeDaten()`) und prägnante (beschreibende) Substantive für Klassennamen (z. B. `FirmenKonto`).
3. **Übersichtliche Klammersetzung:** Von großer Bedeutung ist die vernünftige Einrückung des Programmtextes. Schreiben Sie öffnende und schließende Klammern in einem Codeblock zur besseren Lesbarkeit untereinander. Durch die korrekte Einrückung des Codes sparen Sie viel Zeit bei der Suche nach vermeidbaren Fehlern.
4. **Fehleranfällige Konstrukte vermeiden:** Verwenden Sie in Ihrem Programmcode keine genialen Programmiertricks, die nur sehr schwer nachzuvollziehen sind. Gestalten Sie logische Aussagen ohne Negationen auf die einfachste Art und Weise. Stark verschachtelte Kontrollanweisungen sind zu vermeiden, da diese schwer zu testen und zu verstehen sind.
5. **Leerstellen und Leerzeilen einfügen:** Für die bessere Lesbarkeit sollten Sie jede Anweisung in eine neue Zeile schreiben. Jede Zeile im Code stellt einen Ausdruck und jede Gruppe von Zeilen einen vollständigen Gedanken dar. Wie Absätze in Artikeln sollten Sie diese durch eine Leerzeile trennen. Verwenden Sie Leerstellen, um Anweisungen übersichtlicher zu gestalten, beispielsweise mit einem Leerzeichen vor und nach dem Gleichheitszeichen.
6. **Werte mit Variablen anlegen:** Viele Programme enthalten Codezeilen, bei der feste Zahlengrößen miteinander verrechnet werden. Diese Werte können sich im Laufe der Zeit durch neue Anforderungen verändern. Legen Sie unbedingt für jeden Wert in einem Programm eine eigene Variable an, damit Sie später keine Zeit zum Suchen und Auswechseln der Werte verschwenden müssen. Mehrfach verwendete Werte sind außerdem schwer zu finden, sodass vergessene Änderungen den Programmcode fehlerhaft machen. Definieren Sie die notwendigen Variablen eng bei dem Ort der Verwendung.
7. **Eine Aufgabe pro Methode:** Vermeiden Sie große und unstrukturierte Programme, da diese unübersichtlich und schwer wartbar sind. Sie erhalten keinen guten Code, wenn Sie nur Unmengen von Anweisungen aneinanderreihen. Die

wichtigste Aufgabe beim Programmieren besteht darin, Aufgaben in kleine Teilaufgaben zu zerlegen. Schreiben Sie für jede dieser einzelnen Aufgaben eine Methode (ca. 20–100 Zeilen).

8. **Duplizierende Codezeilen sind verboten:** Vermeiden Sie unbedingt beim Programmieren das Kopieren und Duplizieren von Codezeilen. Unterteilen Sie sich wiederholende Teilaufgaben in passende Hilfsmethoden mit geeigneten Übergabeparametern. Das Hauptprogramm sollte so weit wie möglich nur die einzelnen Unterprogramme aufrufen.

9. **Geringe Anzahl von Methodenargumenten:** Die Anzahl von Argumenten in Methoden sollte so gering wie möglich sein, um aufwendige Testfälle zu umgehen. Vermeiden Sie Methoden mit mehr als drei Argumenten, sodass sie ggf. Argumente zu Instanzvariablen befördern. Wenn eine Methode ein Eingabeargument transformiert, sollte das Ergebnis den Rückgabewert darstellen. Verwenden Sie möglichst keine verkomplizierenden Flag-Argumente mit `true` oder `false`, sondern teilen Sie die Methode in zwei separate auf.

10. **Strukturierter Aufbau von Quelldateien:** Der Code in einer Klasse sollte wie eine Erzählung von oben nach unten lesbar sein. Schreiben Sie zusammengehörige Fakten stets enge beieinander. Im oberen Teil der Quelldatei sollten die Instanzvariablen und die wichtigsten Konzepte stehen. Die Detailtiefe nimmt nach unten hin zu, wobei am Ende die Hilfsmethoden stehen. Sinnvoll ist es, hinter jede Methode die Methode auf der nächsttieferen Abstraktionsebene zu schreiben. Die aufrufende Methode sollte möglichst über der aufgerufenen Methode stehen. Typischerweise sollte die Größe einer Datei nicht 500 Zeilen überschreiten.

11. **Objektorientiert programmmieren:** In der objektorientierten Programmierung werden Programme durch eine Menge von interagierenden Elementen erstellt. Fassen Sie zusammengehörige Daten und die darauf arbeitende Programmlogik in eine Klasse zusammen. Schränken Sie die Sichtbarkeit von Variablen ein, sodass keine Fehlanwendungen möglich sind. Erstellen Sie passende Schnittstellen mit Getter- und Setter-Methoden für die Rückgabe und Veränderungen einzelner Variablen. Benutzen Sie geeignete Programmierparadigmen und Entwurfsmuster zur Modellierung von flexiblen und wiederverwendbaren Klassen.

12. **Jedes Objekt eine Klasse:** Jede Klasse sollte nur eine Verantwortlichkeit und nur einen einzigen Grund zur Änderung besitzen. Teilen Sie eine Klasse auf, wenn diese mehrere Verantwortlichkeiten hat oder gewisse Methoden nur bestimmte Variablen benutzen. Erstellen Sie eine Klasse in der Form, dass diese möglichst mit wenigen anderen Klassen zusammenarbeitet, um das gewünschte Verhalten zu erreichen. Jede Klasse sollte eine überschaubare Anzahl von Instanzvariablen besitzen.

13. **Angemessene Kommentierung:** Für die Verständlichkeit des Codes muss dieser ausreichend und einheitlich kommentiert sein. Ausdrucksfähiger Code mit wenigen Kommentaren ist besser als komplizierter Code mit vielen Kommentaren. Kommentieren Sie keinen schlechten Code, sondern schreiben

Sie diesen um. Benutzen Sie für Kommentare eine korrekte Grammatik mit sorgfältig gewählten Wörtern. Eine gute Kommentierung hat die Aufgabe, zu informieren, Absichten zu erklären, Bestandteile zu unterstreichen, vor Konsequenzen zu warnen oder To-do-Vermerke zu erstellen. Auskommentierter Code führt zu unnötiger Verwirrung und ist zu entfernen.

14. **Teamregeln festlegen:** Ein Softwaresystem besteht aus einem Satz von ähnlich aufgebauten Quelldateien mit gleichen Formatierungsregeln. Wenn Sie in einem Team programmieren, legen Sie die zentralen Codierungsregeln für das Team fest: Klammersetzung, Größe der Einrückungen, Bezeichnung der Klassen, Methoden usw. Jedes Mitglied des Teams sollte dann genau diesen Stil benutzen, sodass der gesamte Code konsistent ist.

Fehlerbehandlung

Syntaxfehler

Syntaxfehler treten bei Fehlern im formalen Aufbau und bei falsch geschriebenen Schlüsselwörtern auf. Diese Fehler werden vom Compiler während der Übersetzung erkannt und das Programm wird nicht kompiliert. Der Compiler gibt in der Regel eine Fehlermeldung, die Fehlerposition und einen erklärenden Text aus, sodass diese Fehler in der Regel schnell zu korrigieren sind, wenn man sich in der jeweiligen Programmiersprache gut auskennt.

Typische Syntaxfehler in der Sprache Python sind die folgenden:

- Bei `if`-Anweisungen, Schleifen oder Methoden fehlt der Doppelpunkt.
- Klammern sind nicht alle geschlossen.
- Anzahl der Übergabeparameter einer Methode sind falsch.
- Schlüsselwörter sind falsch oder großgeschrieben.
- Schreibfehler in selbstdefinierten Variablen- bzw. Methodennamen.
- Werte werden mit einfachen Gleichheitszeichen verglichen.

Laufzeitfehler

Laufzeitfehler treten nach dem Programmstart während der Programmausführung auf, wobei dann das Programm mit einer Fehlermeldung abbricht. Die Laufzeitfehler sind abhängig von den aktuell bearbeiteten Daten. Hierbei kann es vorkommen, dass ein Programm in 1000 Fällen richtig arbeitet und beim 1001. Fall bei einer anderen Datenkombination mit einem Laufzeitfehler abbricht. Ein besonderes Problem bei der Softwareentwicklung ist die Zusammenstellung geeigneter Testdatensätze, die möglichst alle kritischen Fälle abdecken.

Typische Laufzeitfehler in der Sprache Python sind die folgenden:

* Division durch Null.
* Zugriff auf ein Arrayelement außerhalb des gültigen Bereichs.
* Versuch, Datensätze über das Dateiende hinaus zu lesen.
* Fehlende Dateien, aus denen das Programm Daten beziehen soll.
* Stack Overflow bei einer endlosen Rekursion.

Semantischer Fehler

Semantische oder logische Fehler liegen vor, wenn das Programm ohne Fehler arbeitet, aber falsche Ergebnisse liefert. Ein solcher logischer Fehler kann auf einem einfachen Tippfehler beruhen. In der Regel ist diese Art von Fehler schwierig zu finden. Diese Fehler entstehen durch einen falschen Algorithmus und zwingen manchmal zu einer grundlegenden Umorganisation des Programms. Fehler in der Logik größerer Programme lassen sich durch ein klares Konzept des Programmaufbaus vorbeugen.

Typische semantische Fehler in Python sind die folgenden:

* Tippfehler bei Variablen, Operatoren und Indizes.
* Klammern falsch geschlossen.
* Algorithmische Beschreibung falsch und unvollständig umgesetzt.
* Überschreiben von globalen Variablen durch lokale Variablen.
* Fehler in der Programmlogik wie Endlosschleifen wegen nie eintretender Endbedingung.

Semantische Fehler sind teilweise sehr schwer zu finden, da das Programm läuft, aber falsche Werte produziert. Folgende Tipps sind empfehlenswert:

* Ausgabe von Zwischenwerten
* Verwenden des Debuggers
* Verwenden einfacher Testbeispiele
* Händisches Rechnen eines Testbeispiels
* Durchdenken der Programmlogik
* Erklären des Programms einer zweiten Person

Installation von Zusatzmodulen

Für einige Aufgaben müssen Sie externe Zusatzpakete eines Drittanbieters mit dem Python-Tools pip nachinstallieren:

1. Suchen nach dem Ordner der Installation von Python mit der pip-Anwendung.
2. Öffnen der Eingabeaufforderung.

3. Wechsel in das zugehörige Verzeichnis der Python-Installation:

```
cd verzeichnispfad
```

4. Installation eines Zusatzpaktes mit dem Namen `paketname` mit dem Python-Tool `pip`:

```
pip install paketname
```

5. Überprüfung der Installation in der Python-Konsole:

```
import paketname
```

Falls keine Fehlermeldung erscheint, war die Installation erfolgreich.

Ausführbare Programme erstellen
Um Programme nicht immer von der Entwicklungsumgebung zu starten, sind mit Hilfe einer Shebang-Zeile und einer Batch-Datei ausführbare Programme erstellbar:

1. Definition der sogenannten Shebang-Zeile, als erste Zeile des Python-Programms, zur Ausführung des Programms mit Python:[1]

```
#! python3
```

2. Anlegen einer Batch-Datei mit der Endung bat mit dem folgenden Inhalt:

```
@py.exe "C:\Pfad\Skriptname.py" %*
```

Der Pfad ist dabei durch den absoluten Pfad des Programms zu ersetzen.
3. Ausführen des Programms durch Doppelklick auf die Batch-Datei. Mit dem Befehl `pause` in der Batchdatei bleibt die Konsole geöffnet.

Literatur

S. Dörn, *Java lernen in abgeschlossenen Lerneinheiten* (Springer, Berlin, 2019)
Al. Sweigart, *Routineaufgaben mit Python automatisieren* (dpunkt, Heidelberg, 2017)
J. Ernesti, P. Kaiser, *Python 3* (Rheinwerk, Quincy, 2016)
T. Theis, *Einstieg in Python* (Rheinwerk, Quincy, 2017)
W. McKinney, *Datenanalyse mit Python* (O'Reilly, Sebastopol, 2017)

---

[1] Auf Windows, unter Linux `#! /usr/bin/ python3`.

F. Chollet, *Deep Learning MIT Python und Keras* (mitp, Frechen, 2018)

A. Geron, *Praxiseinstieg Machine Learning mit Scikit-Learn und TensorFlow* (O'Reilly, Sebastopol, 2018)

S. Raschka, *Machine Learning MIT Python* (mitp, Frechen, 2017)

R. Wartala, *Praxiseinstieg Deep Learning* (O'Reilly, Sebastopol, 2018)

D. Sarkar, *Text Analytics with Python* (Apress, New York, 2016)

Stichwortverzeichnis

© Springer Fachmedien Wiesbaden GmbH, ein Teil von Springer Nature 2020
S. Dörn, *Python lernen in abgeschlossenen Lerneinheiten*,
https://doi.org/10.1007/978-3-658-28976-8

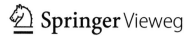

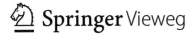

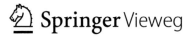

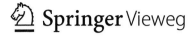